Frases memorables

Frases memorables
Selección y prólogo de Nelson Osorio

intermedio editores

Frases memorables

© 2008, NELSON OSORIO
© 2008, INTERMEDIO EDITORES, una división de
CÍRCULO DE LECTORES S.A.

Edición
Gustavo Mauricio García Arenas

Diseño
Claudia Margarita Vélez G.

Diagramación
Luis Fernando Conde L.

Diseño de carátula
Harvey Rodríguez S.

Corrección tipográfica
Jesús Delgado Argotty

Producción
Ricardo Iván Zuluaga

Licencia de Intermedio Editores Ltda.
para Círculo de Lectores S.A.
Calle 67 N° 7-35 piso 5to
gerencia@intermedioeditores.com.co
Bogotá, Colombia
Primera edición: octubre de 1999

ISBN: 958-28-1042-4
Impresión y encuadernación
Printer Colombiana S.A.
Calle 64G N° 88A-30, Bogotá, Colombia

A B C D E F G H I J
Impreso en Colombia - *Printed in Colombia*

May 2009

PRÓLOGO

Una expresión plena de picaresco ingenio, o bien una frase sentenciosa, cuando no de sutileza irónica, todo ello concentrado en un libro de máximas, constituye el aguijón ideal para que nos adentremos en un abigarrado territorio de autores, o simplemente de agudos críticos del acontecer humano.

En la vida material de los hombres, son infinitas las reflexiones que se han hecho diferentes personajes, recogiendo a su manera el inagotable acervo de sabiduría acumulado durante siglos por el trabajo humano. Por lo demás, las consideraciones, ora ingenuas, ya mordaces, o simplemente compasivas ante tanta estupidez reinante, son un verdadero plato fuerte que nos ofrecen los autores, unos consagrados, otros menos conocidos, pero todos con su preciso punto de vista ante las situaciones cotidianas.

La magia de las palabras subvierte pero a su vez alumbra el camino, a veces tan insípido y trillado, de la vida de los hombres. Nada más recordar que apenas hace dos siglos Fourier, conocedor profundo de sus congéneres y de sus tratos y tretas económicos, le espetó a la burguesía francesa de su tiempo: *Todo es vicioso en este mundo al revés.* Con ello ponía en su sitio al nuevo orden económico que revolucionaba la producción material, pero en su dialéctica implacable, también la condicionaba como apenas un escalón más en los afanes históricos de las fuerzas del progreso.

¿Pero es que acaso las tinieblas se volverán claridad, cual anuncia Hikmet en uno de esos poemas suyos que atraviesan la piel de la conciencia como una daga ardiente? Porque en tiempos harto oscuros, el reflejo de la existencia material también pone a prueba y tensiona irremediablemente resortes invisibles que dormitan en lo más profundo de la condición humana. O, siguiendo a Hikmet, *Si no ardo, / si no ardes, / si no ardemos, / ¿de qué modo las tinieblas / se volverán claridad?*

Al empeñarnos en la publicación de este libro, sabíamos que en la empresa nos antecedían valiosos materiales en los que prolijos y empedernidos lectores volcaron, aquí y allá, el mosaico de anécdotas y vivencias que se "salvaron" para la historia. Y nuestro intento se cifró, entonces, en escoger una línea de reflexiones, a la par divertidas y sustanciosas, que, al ser recogidas por la dimensión inagotable de frescos e indóciles lectores, pudiesen reverdecer y adquirir nueva lozanía y empuje.

Nelson Osorio Ramírez

ABOGADO

Defender es mentir con arte.

Anónimo

Buen abogado, mal vecino.

Refrán antiguo

Cuando toma cuerpo el diablo, se disfraza de abogado.

Aforismo popular

Las togas de los abogados guardan en sus pliegues la necedad y obstinación de los litigantes.

Refrán

Cuando hayas de sentenciar procura olvidar a los litigantes y acordarte sólo de la causa.

Epicteto

ABURRIMIENTO

Uno no se aburre cuando tiene preocupaciones.

Anatole France

Distraerse significa casi siempre cambiar de aburrimiento.

Charles Regismenset

Conviene esforzarse más en ser interesante que exacto; porque el espectador lo perdona todo menos el sopor.

Voltaire

Nos aburrimos porque nos divertimos demasiado.

H. Maret

ACCIÓN

Yo sólo amo una cosa: hacer bien lo que tengo que hacer.

Jean Anouilh

Lo que tenemos que aprender lo aprendemos haciendo.

Aristóteles

El hacer una cosa por otra es lo mismo que mentir.

Miguel de Cervantes

Mientras me quede algo por hacer, no habré hecho nada.

Julio César

La acción y la crítica son fáciles, el pensamiento no tanto.

Gilbert K. Chesterton

La iniciativa debe partir de los hombres de talento.

Fiódor Dostoievski

La actividad es la esencia de la felicidad del hombre.

J. Wolfgang Goethe

**Este mundo es mudo
para quien sabe obrar.**

J. Wolfgang Goethe

Al acto sigue el pensamiento. Rindo homenaje al hombre, porque en nuestro mundo no veo nada sino la encarnación de su razón, su imaginación y sus conjeturas.

Máximo Gorki

**Las palabras, cera;
las obras, acero.**

Luis de Góngora

¡Aquí está la rosa, baila aquí!

Georg W. Hegel

Vive el día de hoy. Captúralo. No fíes del incierto mañana.

Horacio

El pensamiento nace de la acción y, en una mente sana, regresa a la acción.

Paul Langevin

El pueblo, y sólo el pueblo, es la fuerza motriz que hace la historia mundial.

Mao Tse-tung

Los hechos son como los sacos; si están vacíos no pueden tenerse en pie.

Luigi Pirandello

Por los milagros se conocen los santos.

Proverbio francés

Que la acción corresponda a la palabra y la palabra a la acción.

William Shakespeare

Las peores obras son las que están hechas con las mejores intenciones.

Oscar Wilde

Hemos nacido para la acción como el fuego tiende hacia arriba y la piedra hacia abajo.

Voltaire

ACTOR

Todos los hombres son comediantes, salvo, quizás, algunos actores.

Sacha Guitry

Guárdate también de aserrar demasiado el aire, así, con la mano.

William Shakespeare

Me hiere el alma oír a un robusto jayán con su enorme peluca desgarrar una pasión, y hasta convertirla en jirones y verdaderos guiñapos.

William Shakespeare

ADMIRACIÓN

Al que no posee el don de maravillarse ni de entusiasmarse más le valdría estar muerto, porque sus ojos están cerrados.

Albert Einstein

¿Por qué un poco elegante silencio paraliza mi lengua y mi elocuencia?

Horacio

Haz de manera que seas tú admirado y no lo que te pertenece.

Juvenal

Nada hay tan grande o admirable que, poco a poco, no dejen todos de ir admirando.

Lucano

Sorprendernos por algo es el primer paso de la mente hacia el descubrimiento.

Louis Pasteur

ADVERSIDAD

Hay que saber allegar provisiones que sobrenaden con nosotros en medio de un naufragio.

Antístenes

En las adversidades sale a la luz la virtud.

Aristóteles

Fatiga menos caminar sobre terreno accidentado que sobre terreno llano.

Aristóteles

El gozo fecunda, el dolor engendra.

William Blake

No merece la pena perseguir lo que huye, ni acostumbrarse a vivir entre tormentos. Resiste con obstinación. Aguanta. No cedas.

Catulo

A los afligidos no se les ha de añadir aflicción.

Miguel de Cervantes

Un problema es cuando se te presenta la oportunidad de dar tu máximo esfuerzo.

Duke Ellington

Es una ley, sufrir para comprender.

Esquilo

No son las grandes desgracias las que debemos temer en la vida, sino las pequeñas.

Gustave Flaubert

Un calvo halla un peine.

Proverbio siamés

He sido un hombre afortunado: nada en la vida me fue fácil.

Sigmund Freud

Siempre hay una avispa para picar el rostro en llanto.

Proverbio japonés

Las fatigas de la vida nos enseñan únicamente a apreciar los bienes de la vida.

J. Wolfgang Goethe

Acuérdate de conservar una mente tranquila en la adversidad, y en la buena fortuna abstente de una alegría ostentosa.

Horacio

Un pueblo con vida, por diezmado que se encuentre, extrae de la adversidad médula y fuerzas.

Henrik Ibsen

En una vida sin penas, acaban por relajarse las cuerdas del alma.

Johannes Kepler

Al lado de la dificultad está la facilidad.

Mahoma

El hombre se descubre cuando se mide con un obstáculo.

Antoine de Saint-Exupéry

El pan sólo cae del lado que tiene mantequilla.

Proverbio inglés

AFECTO

Hay afectos que llamamos amor, como hay espumosos que bautizamos con el nombre de champán.

Etienne Rey

Quien a feo ama, hermoso le parece.

Aforismo

El afecto es el fundamento de todas las virtudes.

Cicerón

La estimación y el aprecio de un hombre han de ser cordiales y voluntarios.

Michel de Montaigne

ALEGRÍA

Comprender y disfrutar son una misma cosa.

Demócrito

Vida sin fiestas es como un largo camino sin posadas.

Demócrito

15

Reírse de todo es propio de tontos, pero no reírse de nada lo es de estúpidos.

Erasmo de Rotterdam

Que tu ejemplo en la vida sea lo que gozaste, no lo que sufriste.

Lucilio

El que hace reír a sus compañeros merece el paraíso.

Mahoma

Una rayo de sol entre dos chaparrones.

André Prévot

La alegría más grande es la inesperada.

Sófocles

Una sonrisa es una raya de luz en la cara.

William H. Thackeray

ALTRUISMO

No hagas a los demás lo que quisieras que te hicieran. Sus gustos pueden diferir de los tuyos.

George Bernard Shaw

Lo que más contribuye a hacernos felices es contribuir a la felicidad de los otros.

Bottach

Ser resuelto, no temer a ningún sacrificio y superar todas las dificultades para conquistar la victoria.

Mao Tse-tung

La mayor parte de las personas echan a perder sus vidas por un insano y exagerado altruismo.

Oscar Wilde

AMBICIÓN

Vive, pues, como puedas, ya que no eres capaz de vivir como quieres.

Cecilio

Pocas o ninguna vez se cumple con la ambición que no sea con daño de tercero.

Miguel de Cervantes

Al que desea sólo lo suficiente no lo seduce el mar tumultuoso.

Horacio

Es un mal soldado el que no aspira a ser general.

Napoleón Bonaparte

Mientras vamos en pos de lo incierto, perdemos lo seguro.

Plauto

No hay curita que no quiera llegar a papa.

Refrán popular

Procurando lo mejor, estropeamos lo que está bien.

William Shakespeare

El que no sienta ganas de ser más, llegará a no ser nada.

Miguel de Unamuno

AMISTAD

Los lazos de la amistad son más estrechos que los de la sangre y la familia.

Giovanni Boccaccio

Este es el primer precepto de la amistad: pedir a los amigos sólo lo honesto, y sólo lo honesto hacer por ellos.

Cicerón

Mis buenos amigos son mi patrimonio. Perdonadme mi avaricia en atesorarlos.

Emily Dickinson

Un amigo es una persona con la que se puede pensar en voz alta.

Ralph W. Emerson

El amigo seguro se conoce en la ocasión insegura.

Quinto Ennio

Si quieres formar juicio acerca de un hombre, observa quiénes son sus amigos.

François Fénelon

¡No habléis mal de mis amigos, yo soy capaz de hacerlo tan bien como vosotros!

Sacha Guitry

Nunca es largo el camino que conduce a la casa de un amigo.

Juvenal

No dejes crecer la hierba en el camino de la amistad.

Platón

Las buenas fuentes se conocen en las grandes sequías; los buenos amigos, en las épocas desgraciadas.

Proverbio chino

¡Dios mío, líbrame de mis amigos! De los enemigos ya me encargo yo.

Voltaire

La risa no es mal comienzo para la amistad, y está lejos de ser un mal final.

Oscar Wilde

Estados Unidos no tiene ni merece tener más que un solo amigo en el mundo: Estados Unidos.

Theodore Roosevelt

AMOR

Las mujeres son como la sopa, no hay que dejarlas enfriar.

Jean Anouilh

Hay dos cosas que el hombre no puede ocultar: que está borracho y que está enamorado.

Antífanes

Los amores son como las setas. No se sabe si son buenas o malas hasta que es demasiado tarde.

Tristan Bernard

Procura amar mientras vivas: en el mundo no se ha
encontrado nada mejor.

Máximo Gorki

En amor hay un purgatorio provisional, en el que previa-
mente es preciso habituarse a ser asado antes de caer
en el verdadero y eterno infierno.

Heinrich Heine

En el amor, como en la guerra, ¡ay de los vencidos!

Etienne Rey

La indiferencia es una forma de pereza, y la pereza es
uno de los síntomas del desamor. Nadie es haragán con
lo que ama.

Aldous Huxley

El amor espera siempre que el mismo objeto que
encendió la llama que lo devora, sea capaz de sofocarla.
Pero no es así.

Lucrecio

El amor más duradero es el amor no correspondido.

William S. Maugham

Para morir de amor hay que tener tiempo.

André Maurois

La edad no protege del amor. Pero el amor protege de
la edad.

Jeanne Moreau

El amor nunca tiene razones. Y la falta de amor tampoco. Todo son milagros.

Eugene O'Neill

En amor no basta atacar, hay que tomar la plaza.

Ovidio

En la guerra, como en el amor, sólo el cuerpo a cuerpo da resultado.

Mariscal de Montluc

El amor platónico es un volcán sin erupciones.

André Prévot

Es para mí norma perpetua ser el amante que no se cansa pronto ni comienza con apresuramiento.

Propercio

Amar no es mirarse el uno al otro, es mirar juntos en la misma dirección.

Antoine de Saint-Exupéry

El amor, como ciego que es, impide a los amantes ver las divertidas tonterías que cometen.

William Shakespeare

¿Quién podrá engañar a quien ama?

Virgilio

El amor es la más fuerte de las pasiones, porque ataca al mismo tiempo la cabeza, el cuerpo y el corazón.

Voltaire

APARIENCIA

Las apariencias se encuentran en grave peligro, ya que siempre se trata de salvarlas.

Natalie Clifford

Aunque el asno vaya a La Meca, no por ello es peregrino.

Proverbio árabe

No es oro todo lo que reluce.

Aforismo

La conversación esconde, pero también revela, a cada hombre.

Pseudocatón

Una buena capa todo lo tapa.

Máxima antigua

APRENDIZ

Soplar la flauta no significa tocarla. Hay que mover los dedos.

J. Wolfgang Goethe

El colmo de la estupidez es aprender lo que luego hay que olvidar.

Erasmo de Rotterdam

Aprender muchas cosas no nutre la inteligencia.

Heráclito

Noble cosa es, aun para el anciano, el aprender.

Sófocles

ARTE

El espíritu popular es el alfa y omega de la estética de nuestro tiempo.

Visarion G. Belinski

El arte necesita soledad, o miseria, o pasión. Es una flor de roca, que requiere el viento áspero y el terreno duro.

Alejandro Dumas, hijo

Lo más bello que podemos experimentar es el lado misterioso de la vida. Es el sentimiento profundo que se encuentra en la cuna del arte y de la ciencia verdaderas.

Albert Einstein

Para un artista la libertad es tan indispensable como el talento y la inteligencia.

Máximo Gorki

El arte no es un espejo para reflejar el mundo, sino un martillo con el que golpearlo.

Vladimir Maiakovski

El arte es una rebelión contra el destino.

André Malraux

Un ejército sin cultura es un ejército ignorante, y un ejército ignorante no puede derrotar al enemigo.

Mao Tse-tung

En una hoja de papel en blanco, desnuda, se pueden escribir las palabras más nuevas y hermosas y pintar los cuadros más originales y bellos.

Mao Tse-tung

Que se abran con flores y compitan con escuelas de pensamiento.

Mao Tse-tung

Cuando a la cultura se la disfruta como un privilegio, la cultura envilece tanto como el oro.

Aníbal Ponce

Los poetas no tienen derecho a hablar como hombres fatigados.

Víctor Hugo

En poesía no existen pueblos subdesarrollados.

Jorge Zalamea

ASTROLOGÍA

La astrología es una hija imbécil, pero, Dios mío, a dónde habría ido a parar su madre, la sapientísima astronomía, si no hubiera tenido esa tonta de su hija. El mundo es todavía tan absurdo que para el provecho de su vieja y razonable madre la hija necia debe char- lotear y mentir. El sueldo de los matemáticos es tan insignificante, que la madre, seguramente, se moriría de hambre, a no ser que su hija ganase algo...

Johannes Kepler

—Tú como astrólogo presagias muy bien la suerte de otras personas. Dime, ¿cuánto tiempo te queda por vivir? —Su majestad, las estrellas me presagian que debo morir tres días antes de su fallecimiento...

Anécdota atribuida a Luis XI

La astrología es una ciencia que tienen por golosina los cobardes, sin otro fundamento que el crédito de los supersticiosos. Es un falso testimonio que los hombres mal ocupados levantan a las estrellas.

Francisco de Quevedo

ASTUCIA

A menudo se tiene más éxito con la cola del zorro que con la garra del león.

Proverbio sueco

Artero, artero, mas non buen caballero.

Anónimo

No hay cosa que haga más daño a una nación como el que la gente astuta pase por inteligente.

Francis Bacon

Se puede ser más astuto que otro, pero no más astuto que todos los demás.

François de La Rochefoucauld

AUDACIA

Audaz en perpetrarlo todo, la raza humana se precipita por el abismo de lo sacrílego.

Horacio

En la audacia el tacto consiste en saber "hasta dónde se puede llegar demasiado lejos".

Jean Cocteau

¡Si no llegamos a la Gran Muralla es que no somos héroes!

Mao Tse-tung

25

Audacia, audacia y siempre audacia.

Georges Danton

La audacia da a veces los frutos que los cálculos más profundos no pueden conseguir.

William Shakespeare

AVARICIA

Cuentas tus bienes, cuando lo que debieras contar son los años.

Anónimo

**¿Quién lamenta los estragos
si los frutos son placeres?
¿No aplastó miles de seres
Tamerlán en su reinado?**

J. Wolfgang Goethe

La avaricia es la mayor de las pobrezas.

Refrán

Lo mío, mío, y lo tuyo, de entrambos.

Refrán castellano

El avariento rico no tiene parientes ni amigo.

Máxima antigua

AZAR

En los campos de la observación, el azar no favorece sino a los espíritus preparados.

Louis Pasteur

El azar es el más grande de los artistas.

Honoré de Balzac

Tras haber buscado sin encontrar, puede que encuen-
tres sin buscar.

Jerome K. Jerome

La palabra casualidad es una blasfemia; nada bajo el
Sol sucede por casualidad.

Gotthold E. Lessing

El azar favorece a una mente bien entrenada.

Louis Pasteur

Si es preciso sucumbir, enfrentémonos antes con el
azar.

Tácito

Para un pueblo exhausto, ¡cuántas olas nos quedan,
cuántas inmensidades marinas aún nos aguardan!

Virgilio

BANCO

Un banco o una compañía no son criaturas que respiran
aire. Respiran beneficios.

John Steinbeck

De enero a enero, el dinero es del banquero.

Dicho medieval

BARBARIE

¡Siglo cruel! ¿Ante qué hemos retrocedido?

Horacio

Estados Unidos ha pasado de la barbarie a la decadencia sin haber conocido la civilización.

George Bernard Shaw

La civilización no suprime la barbarie, la perfecciona.

Voltaire

BEBIDA

El vino trueca la indiferencia en amor, el amor en celos y los celos en enajenación.

Joseph Addison

El vino demasiado ni guarda secreto, ni cumple palabra.

Miguel de Cervantes

Vivamos para beber, pues para beber vivimos.

Miguel de Cervantes

Bebed porque sois felices, pero nunca porque seáis desgraciados.

Gilbert K. Chesterton

El vino no daña, pero el que lo bebe sin moderación se daña a sí mismo.

Erasmo de Rotterdam

Donde no hay vino no hay amor.

Eurípides

El vino es un traidor: ayer fue amigo y mañana será un enemigo.

Thomas Fuller

28

Si alguien cree que Acerra apesta por el vino de ayer, se equivoca: Acerra acostumbra beber hasta la madrugada.

Marcial

El mejor vino del Rin es aquel que no le ha entrado una sola gota del Rin ni del Mosela.

George Ch. Lichtenberg

Gracias al vino, el hombre es el único animal que bebe sin tener sed.

Plinio el Viejo

El calor del vino ejerce sobre el alma igual efecto que el fuego sobre el incienso.

Plutarco

Vino de viñas viejas, ¡qué bien te tomo y qué mal me dejas!

Refranero

El vino no inventa nada. Sólo hace charlar sobre ello.

Friedrich von Schiller

Cuando el vino entra, la razón se marcha.

Talmud

El vino ahoga todas las penas.

Hipócrates

Por lo que se refiere a comer, quien no puede, no puede. Por lo que se refiere a beber, uno se esfuerza.

Proverbio suizo

Bebamos, lavémonos el cuello por dentro.

Béroalde de Verville

Seca la garganta, ni gruñe ni canta.

Aforismo antiguo

Con la primera copa el hombre bebe vino, con la segunda, el vino bebe vino; con la tercera, el vino bebe al hombre.

Anónimo

El que bien bebe, bien duerme, y quien bien duerme piensa bien; quien piensa bien, bien trabaja, y quien trabaja bien, debe beber bien.

Anónimo

Con tres copas de vino ya se puede elegir una doctrina.

Proverbio chino

El vino conforta el corazón con el calor y destruye el cerebro con la sequedad.

Ramón Llull

Una mujer y un vaso de vino curan todo mal, y el que no bebe y no besa está peor que muerto.

J. Wolfgang Goethe

¿A qué mal no conduce la embriaguez? Revela los secretos, exagera nuestras esperanzas y nos arroja a la pelea.

Horacio

BELLEZA

Si cada año estuviéramos ciegos por un día, gozaríamos en los restantes trescientos sesenta y cuatro.

Isaac Asimov

No puede ser hermoso lo que es grave.

Antón Chéjov

La belleza es el acuerdo entre el contenido y la forma.

Henrik Ibsen

La belleza, como el dolor, hace sufrir.

Thomas Mann

Las mujeres extremadamente hermosas asombran menos el segundo día.

Stendhal

La belleza complace a los ojos; la dulzura encadena el alma.

Voltaire

BIENESTAR

La buena hospitalidad es sencilla, consiste en un poco de fuego, algo de comida y mucha quietud.

Ralph W. Emerson

Aquel que procura el bienestar ajeno, ya tiene asegurado el propio.

Confucio

BIOGRAFÍA

Cuando leáis una biografía, recordad que la verdad no se ha hecho para publicarse.

George Bernard Shaw

Hay una forma especialmente peligrosa de escribir autobiografías: escribir biografías ajenas.

Ernesto Sábato

BONDAD

El barro se endurece con el fuego, el oro se ablanda.

Proverbio chino

A la buena gente se la conoce en que resulta mejor cuando se la conoce.

Bertolt Brecht

Bondad: la forma más amable del egoísmo.

Ludovic O' Jollowell

La mejor vida no es la más larga, sino la más rica en buenas acciones.

Marie Curie

No basta con hacer el bien: hay que hacerlo bien.

Denis Diderot

No es que uno sea bueno. Es que está contento.

Xavier Jorneret

No es difícil para un hombre hacer algunas buenas acciones; lo difícil es obrar bien toda la vida, sin hacer nunca ningún mal.

Mao Tse-tung

Haz bien tu parte. En eso reside todo el honor.

Alexander Pope

Como llegan lejos los rayos de aquella perpetua bujía, así brilla una buena acción en un mundo salvaje.

William Shakespeare

No se puede ser bueno a medias.

León Tolstoi

Cuando soy buena, soy buena; cuando soy mala, soy mucho mejor.

Mae West

BURGUESÍA

Un hombre moderadamente honrado con una mujer moderadamente fiel, ambos moderadamente bebedores, en una casa moderadamente clara, he aquí la imagen de la clase burguesa.

George Bernard Shaw

El mismo burgués tampoco es libre. Lo esclaviza la prosecución ilimitada de su ilusión de la libertad. Su credo exige la competencia sin límites, de suerte que trabaja tan salvaje y ciegamente como el tiempo meteorológico.

Cristóbal Caudwell

La libertad burguesa muestra abiertamente sus propias contradicciones al convertirse en monopolio.

Cristóbal Caudwell

La burguesía ha desempeñado en la historia un papel altamente revolucionario.

Marx y Engels

En la sociedad burguesa, el capital posee independencia e individualidad, mientras que el individuo trabajador está privado de independencia y está despersonalizado.

Marx y Engels

¿En qué se basa la familia burguesa contemporánea? En el capital, en el lucro privado.

Marx y Engels

CAMBIO

El medio más seguro de impedir las revoluciones es evitar las causas.

Francis Bacon

Cambiar de horizonte es provechoso a la salud y a la inteligencia.

Gustavo A. Bécquer

Las revoluciones se producen en los callejones sin salida.

Bertolt Brecht

Es imposible una revolución que no desemboque en la alegría.

Julio Cortázar

El porvenir pertenece a los innovadores.

André Gide

El Sol se renueva cada día. No cesará de ser eternamente nuevo.

Heráclito

Toda cosa nueva experimenta dificultades y reveses en su crecimiento.

Mao Tse-tung

No puedes bajar dos veces al mismo río, pues nuevas aguas corren sobre ti.

Heráclito

Todo fluye, nada permanece.

Heráclito

La esperanza es la fuerza de la revolución.

André Malraux

¿Por qué ha de temerse a los cambios? Toda la vida es un cambio.

Herbert H. Wells

Si las cosas cambiaran más de prisa, nunca habría revolución. Un conservador inteligente es siempre un reformador.

André Maurois

CAPITAL

El capital es el trabajo de muchos acumulado por uno solo. Corolario: el trabajo es el capital que no se acumula.

Lafitte

35

El capitalismo ha triunfado en el mundo entero, pero este triunfo no es más que el preludio del triunfo del trabajo sobre el capital.

Vladimir I. Lenin

Todos los que especulan con acciones saben que algún día tendrá que estallar la tormenta, pero todos confían en que estallará sobre la cabeza del vecino, después que ellos hayan recogido y puesto a buen recaudo la lluvia de oro.

Karl Marx

CELOS

La mujer raramente nos perdona que seamos celosos, pero nunca nos perdonaría que no lo fuéramos.

Paul Jean Toulet

Cosa curiosa: las mujeres feas están siempre celosas de sus maridos; las mujeres bonitas no lo están nunca.

Oscar Wilde

CIELO

Un sueño sin estrellas es un sueño olvidado.

Paul Eluard

Donde arden lámparas hay manchas de aceite; donde arden velas, gotas de cera; únicamente la luz del Sol ilumina pura y sin mancha.

J. Wolfgang Goethe

Las estrellas son bellas porque tienen detrás una flor que no se ve.

Antoine de Saint Exupéry

Si el cielo se cae, quebrarse han las ollas.

Dicho antiguo

El cielo negro es el hombre ciego.

Victor Hugo

CIENCIA

Cuatro cosas no pueden ser escondidas durante largo tiempo: la ciencia, la estupidez, la riqueza y la pobreza.

Averroes

La ciencia es la estética de la inteligencia.

Gaston Bachelard

El conocimiento de las distintas formas de movimiento... constituye el fin fundamental de las ciencias naturales.

Friedrich Engels

La ciencia de la naturaleza, en sus comienzos revolucionaria, tenía ante sí una naturaleza totalmente conservadora, en la que todo seguía siendo hoy tal y como había sido en los comienzos del mundo y en la que todo permanecería igual hasta la consumación de los siglos.

Friedrich Engels

Yo he tocado con mis manos la primera bomba lanzada sobre Nagasaki. Experimento un profundo sentimiento de culpabilidad y me avergüenzo de haber desempeñado un papel en la preparación de este crimen contra la humanidad.

John Hinton

No existe la "ciencia pura", y la ciencia sólo tiene sentido en la medida en que sirva a los intereses de la humanidad.

John Hinton

El nacimiento de la ciencia fue la muerte de la superstición.

Thomas H. Huxley

Los científicos saben que la ciencia no puede ser culpable, lo son únicamente los individuos que hacen mal uso de sus éxitos.

F. Joliot-Curie

El progreso de la técnica y la ciencia significa en la sociedad capitalista el progreso en el arte de estrujar a las personas.

Vladimir I. Lenin

La falta de la humanidad de la computadora consiste en que una vez se le programa y trabaja adecuadamente, su honradez es intachable.

Isaac Asimov

Toda la historia del progreso humano se puede reducir a la lucha de la ciencia contra la superstición.

Gregorio Marañón

En la ciencia no hay calzadas reales, y quien aspire a remontar sus luminosas cumbres, tiene que estar dispuesto a escalar la montaña por senderos escabrosos.

Karl Marx

La ciencia es como la tierra: sólo puede poseerse una pequeña parte.

Isaac Newton

Lo que cuenta es el valor del experimento, no su número.

Isaac Newton

No existen las ciencias aplicadas, existen aplicaciones de las ciencias.

Louis Pasteur

La ciencia no debe temer la lucha contra lo caduco, lo viejo, contra lo que no admite ya la práctica y se ha convertido en un freno para el desarrollo.

Oleg N. Pisarzhevsky

Apenas hay un axioma científico que no haya sido negado por alguien en nuestros días.

Max Planck

Los científicos se esfuerzan por hacer posible lo imposible. Los políticos, por hacer lo posible imposible.

Bertrand Russell

No hay un solo tema científico que no pueda ser explicado a nivel popular.

Carl Sagan

La ciencia es una delicia. La evolución nos ha hecho de un modo tal, que el acto de comprender nos da placer, porque quien comprende tiene posibilidades mejores de sobrevivir.

Carl Sagan

Sin experimentación no hay posibilidad de escoger entre hipótesis contradictorias, y así es imposible que la ciencia avance.

Carl Sagan

CLERO

La humildad cristiana es predicada por el clero y practicada por el pueblo.

Bertrand Russell

Hace quince años, en 1525, escribí contra la usura, la cual hacía tantos estragos, que no me atrevía a esperar mejoría alguna. Desde entonces, ha ganado tanto en consideración, que ya no quiere ser tenida por vicio, pecado o infamia, sino que se hace ensalzar como una virtud y un honor, como si hiciera grandes favores y servicios cristianos a los hombres. ¿Qué remedio ni qué consejo pueden caber, cuando la infamia se convierte en honor y el vicio en virtud?

Wittenberg

La Iglesia prohibía el interés; pero no prohibía la venta de sus propiedades (...) La misma Iglesia o las comunidades y *pia corpora* pertenecientes a ella obtuvieron grandes utilidades por este medio, sobre todo en la época de las Cruzadas (...) Sin la prohibición de los intereses, jamás habrían llegado las iglesias ni los claustros a adquirir tan grandes riquezas.

J. G. Büsch

COMIDA

En treinta y seis platos hay setenta y dos enfermedades.

Proverbio punjabi

Pan y fiestas mantienen al pueblo quieto.

Lorenzo de Médicis

Los niños colombianos no mueren de hambre porque el medio carezca de nutrientes; mueren porque relaciones socioeconómicas injustas se los hacen inalcanzables.

Guillermo Jergusson

A uno que tenga hambre, dale primero de comer y después háblale de lo que sea; si empiezas por hablarle, sea de lo que sea, fracasarás, no lo dudes.

Jean Anouilh

La comida no es una acción vil
y todos los hombres deberían tener pan.

Guillaume Apollinaire

Se están comiendo a los caníbales.

Jorge Luis Borges

Una comida lubrifica los negocios.

James Boswell

Come poco y cena más poco, que la salud de todo el cuerpo se fragua en la oficina del estómago.

Miguel de Cervantes

El placer de los banquetes debe medirse no por la abundancia de los manjares, sino por la reunión de los amigos y por su conversación.

Cicerón

No hay dinero, y hay que comer.

Dicho antiguo

Dios nos envía la carne y el diablo nos envía a los cocineros.

Proverbio inglés

Estómago hambriento no tiene oídos.

Jean de La Fontaine

Abreviar la cena: prolongar la vida.

Benjamin Franklin

A mi estómago poco le importa la inmortalidad.

Heinrich Heine

Sin la frugalidad nadie llega a ser rico, y con la frugalidad poquísimos llegarían a ser pobres.

Samuel Johnson

Dios ha hecho los alimentos, y el diablo la sal y las salsas.

James Joyce

Para comer bien en Inglaterra es recomendable desayunar tres veces.

William S. Maugham

Merced a la dependencia materialista del pensar con respecto al comer, antes de la invención de la agricultura la historia del hombre señala una producción intelectual muy escasa.

Hernando Patiño

El rico come; el pobre se alimenta.

Francisco de Quevedo

Un país con arenques no necesita muchos médicos.

Proverbio danés

Las comidas largas crean vidas cortas.

François Rabelais

A comida escasa, buena bebida.

François Rabelais

No hay amor más sincero que el que sentimos hacia la comida.

George Bernard Shaw

Los malos hombres viven para comer y beber, pero los buenos comen y beben para vivir.

Sócrates

El café debe ser caliente como el infierno, negro como el diablo, puro como un ángel y dulce como el amor.

Maurice de Talleyrand-Périgord

Antes de dar al pueblo sacerdotes, soldados y maestros, sería oportuno saber si por ventura no se está muriendo de hambre.

León Tolstoi

La perfecta hora de comer es, para el rico, cuando tiene ganas; y para el pobre, cuando tiene qué.

Luis Vélez de Guevara

CONFIANZA

Cuando se desconfía, se engaña. Cuando no se desconfía, se es engañado.

Condesa Diane

Los niños del herrero no tienen miedo a las chispas.

Proverbio danés

El mayor despeñadero, la confianza.

Francisco de Quevedo

Acogí al ratón en mi agujero, y volvióse heredero.

Máxima antigua

La confianza en sí mismo es el primer secreto del éxito.

Ralph W. Emerson

Cuando el hombre no se encuentra a sí mismo no encuentra nada.

J. Wolfgang Goethe

El hombre de recia voluntad moldea el mundo a su antojo.

J. Wolfgang Goethe

CONOCIMIENTO

La vida va a perderse en la muerte, los ríos en la mar y lo conocido en lo desconocido. El conocimiento es el acceso a lo desconocido.

Georges Bataille

Es mucho mejor conocer algo acerca de todo, que acerca de una sola cosa. Lo universal es siempre mejor.

Blaise Pascal

Sólo hay un bien: el conocimiento. Sólo hay un mal: la ignorancia.

Sócrates

Con el conocimiento se acrecientan las dudas.

J. Wolfgang Goethe

Tan difícil es para los ricos adquirir la sabiduría como para los sabios adquirir la riqueza.

Epicteto

Quien no añade nada a sus conocimientos los disminuye.

Talmud

CONSEJO

No hay consejo más leal que aquel que se da desde una nave en peligro.

Leonardo da Vinci

No interrumpas a una mujer que baila para darle un consejo. No hables de cosas abstractas a las gentes superficiales.

Pitágoras

45

El consejo de un amigo es como vino generoso en copa de oro.

Solón

Nadie acepta consejos. Pero todo el mundo aceptaría dinero. Por tanto, el dinero vale más que los consejos.

Jonathan Swift

Yo siempre traspaso los buenos consejos que me dan. Es para lo único que sirven.

Oscar Wilde

CONSTANCIA

Vuelve a empezar, si es necesario con una magnífica honradez.

Henri Barbusse

Una sucesión de pequeñas voluntades consigue un gran resultado.

Charles Baudelaire

Los más fuertes de todos luchan toda su vida. ¡Esos son los imprescindibles!

Bertolt Brecht

¡Sigue tu camino, y deja que murmure la gente!

Dante Alighieri

Quien pisa con suavidad va lejos.

Proverbio chino

Se puede horadar una roca; no siempre es posible ablandar un corazón.

Proverbio hindú

Hay que resistir siempre. Nunca se es vencido del todo.

André Maurois

Nada es más contrario a la curación que el cambiar frecuentemente de remedio.

Séneca

El modo de dar una vez en el clavo es dar cien veces en la herradura.

Miguel de Unamuno

Persevera, y espera un mañana mejor.

Virgilio

CONTRADICCIÓN

No hay equilibrio sin fuerzas opuestas y es necesario utilizar las discordias, ya que es imposible destruirlas.

Charles Fourier

En ningún lugar, ni en el cielo ni en la Tierra, hay algo que no contenga en sí ambos, el ser y la nada.

Georg W. Hegel

Mira la llama de la bujía y te encantará su belleza; guiña los ojos y mira de nuevo a la llama: lo que antes veías ya no existe y lo que ves no lo había antes... Esta llama está en todo momento tanto viva como muerta. Así es todo en el mundo.

Leonardo da Vinci

La contradicción y la lucha son universales y absolutas, pero los métodos para resolver las contradicciones, esto es, las formas de lucha, varían según el carácter de las contradicciones.

Mao Tse-tung

¡Eres mísera y abundante, poderosa e impotente, madrecita Rusia!

Nicolái Nekrásov

La contradicción es la raíz de todo movimiento y de toda manifestación vital.

Georg W. Hegel

El hombre que no estudia las dos partes de una cuestión no es honrado.

Abraham Lincoln

Todo proceso tiene comienzo y fin, todo proceso se transforma en su contrario.

Mao Tse-tung

El remplazo de lo viejo por lo nuevo es una ley universal, eterna e ineludible.

Mao Tse-tung

CORTESANA

No tengo pasiones, pero tengo vicios, es lo que me "salva".

Julie Leboeuf

¿Qué haré yo en Roma? Yo no sé mentir.

Juvenal

La nobleza cortesana es un veneno que mina la libertad de los pueblos.

Niccolo Maquiavelo

Los manjares que regalan los reyes abrasan el paladar.

Taleb

Huai no me sirve de ayuda; todo lo que digo le complace.

Confucio

COSTUMBRE

Tanto va el cántaro al agua que al final se acostumbra.

Gilbert Cesbron

La fuerza de la costumbre es, en millones y decenas de millones de hombres, la fuerza más terrible. El culto a la personalidad es, justamente, una fuerza de la costumbre de millones y decenas de millones de hombres.

Vladimir J. Lenin

La costumbre dulcifica hasta las cosas más aterradoras.

Esopo

El perpetuo obstáculo al progreso humano es la costumbre.

John Stuart Mill

CRISIS

En las grandes crisis, el corazón estalla o se curte.

Honoré de Balzac

Las crisis reflejan la incapacidad de la burguesía para seguir rigiendo las fuerzas productivas modernas.

Friedrich Engels

La crisis social y la muerte tienen un efecto igualador comparable.

Hernando Patiño

El capital no vive sólo del trabajo. Este amo, a la par distinguido y bárbaro, arrastra consigo a la tumba los cadáveres de sus esclavos, hecatombes enteras de obreros que sucumben en las crisis.

Friedrich Engels

Las crisis comerciales, con su retorno periódico, plantean en forma cada vez más amenazante, la cuestión de la existencia de toda la sociedad burguesa.

Marx y Engels

Durante las crisis, una epidemia social, que en cualquier época anterior hubiera parecido absurda, se extiende sobre la sociedad; la epidemia de la superproducción.

Marx y Engels

CRÍTICA

Es querer atar las lenguas a los maldicientes lo mismo que querer poner puertas al campo.

Miguel de Cervantes

50

Es tan ligera la lengua como el pensamiento, y si son malas las preñeces de los pensamientos, las empeoran los partos de la lengua.

Miguel de Cervantes

Sacar lecciones de los errores pasados para evitarlos en el futuro.

Máxima china

Uno está tan expuesto a la crítica como a la gripe.

Friedrich Dürrenmatt

Es gran virtud del hombre sereno oír todo lo que censuran contra él, para corregir lo que sea verdad y no alterarse por lo que sea mentira.

J. Wolfgang Goethe

Es delicioso dar con alguien que acepte las pequeñas ironías como expresiones de la mayor seriedad.

Aldous Huxley

La crítica debe ser plenamente razonada, analítica y convincente, y no burda, burocrática, metafísica o dogmática.

Mao Tse-tung

La sátira es el humor que ha perdido la paciencia.

Giovanni Mosca

Irritarse por un reproche es reconocer que se ha merecido.

Tácito

CULPA

Nada se parece a un inocente como un culpable que no corre ningún peligro.

Tristan Bernard

La culpa del asno no se le ha de echar a la albarda.

Miguel de Cervantes

Límpiate el dedo antes de señalar mis faltas.

Benjamin Franklin

No veo falta que yo no hubiera podido cometer.

J. Wolfgang Goethe

Hay un remedio para toda culpa: reconocerla.

Franz Grillparzer

CULTURA

La cultura es una cosa y el barniz otra.

Ralph W. Emerson

No hay hombres cultos: hay hombres que se cultivan.

Ferdinand Foch

Dos medias verdades no hacen una verdad y dos medias culturas no hacen una cultura.

Arthur Koestler

Una cabeza bien formada será siempre mejor y preferible a una cabeza muy llena.

Michel de Montaigne

DAR

Dádivas quebrantan peñas.

Miguel de Cervantes

Dar con ostentación no es muy bonito, pero no dar nada con discreción, no es en modo alguno mejor.

Pierre Dac

Si lo dieses todo, menos la vida, has de saber que no has dado nada.

Henrik Ibsen

Da y tendrás en abundancia.

Lao-Tse

Si tienes mucho, da tus bienes; si tienes poco, da tu corazón.

Proverbio árabe

El que da dinero que no ha ganado él, es generoso con el trabajo de los demás.

George Bernard Shaw

DEBER

¿Qué es el deber? Lo que se exige de los demás.

Alejandro Dumas, hijo.

Quien huye de las obligaciones sociales es un desertor.

Marco Aurelio

El carácter se produce en el gran laboratorio diario del deber.

Thomas W. Wilson

El hombre honrado es el que subordina su derecho a su deber.

Henri Lacordaire

En lo que puedas hacer tú solo nunca te hagas ayudar.

Pitágoras

DEBILIDAD

Muchos hay que no conocen su debilidad, pero otros tantos hay que no conocen su fuerza.

Jonathan Swift

Por la debilidad de la naturaleza humana, los remedios son siempre más lentos que los males.

Tácito

Siempre se rompe la soga por lo más delgado.

Refrán popular

Decir que el hombre es una muestra de fuerza y de debilidad, de luz y de ceguera, de pequeñez, de grandeza... no es hacer un proceso, es definirlo.

Denis Diderot

DEFECTO

Para nuestros propios defectos somos topos; para los ajenos, linces...

Anónimo

Consulta el ojo de tu enemigo, porque es el primero que ve tus defectos.

Antístenes

El que te habla de los defectos ajenos, habla también de los tuyos a los demás.

Denis Diderot

Ninguno ha nacido sin defectos.

Máxima antigua

El que conoce sus defectos está muy cerca de poder corregirlos.

Aristarco

DEMOCRACIA

Tenemos que hacer que el mundo resulte seguro para las democracias.

Woodrow Wilson

No puedo perder la esperanza de que la democracia nacerá en el Nuevo Mundo, más rica, más valiente, más libre y más hermosa.

John Reed

Del mismo modo que no sería un esclavo, tampoco sería un amo. Esto expresa mi idea sobre la democracia.

Abraham Lincoln

Mi ideal político es el democrático. Cada uno debe ser respetado como persona y nadie debe ser divinizado.

Albert Einstein

55

DERECHO

Las leyes son como las telas de araña, a través de las cuales pasan libremente las moscas grandes y quedan enredadas las pequeñas.

Honoré de Balzac

Muchos jueces son absolutamente incorruptibles; nadie puede inducirles a hacer justicia.

Bertolt Brecht

Cuando pienso que un hombre juzga a otro, siento un gran estremecimiento.

Robert de Lamennais

Cuantas más leyes, más ladrones.

Lao-Tse

Hay tantas leyes que nadie está seguro de no ser colgado.

Napoleón Bonaparte

La declaración de uno no es ninguna declaración: es necesario, entonces, escuchar a las dos partes.

Proverbio jurídico alemán

Muchas son las leyes en un Estado corrupto.

Tácito

La ley es como la veleta de un viejo campanario, que varía según sopla el viento.

León Tolstoi

DESARROLLO

Los hechos históricos acerca del desarrollo energético demuestran cabalmente la verdad de que todas las ideas en favor del estancamiento, el pesimismo, la inercia o la complacencia son erróneas.

Chin Jua

El desarrollo político, jurídico, filosófico, religioso, literario, artístico, etc., descansa en el desarrollo económico. Pero todos ellos repercuten también los unos sobre los otros y sobre su base económica.

Friedrich Engels

DESCANSO

La inspiración no desciende sobre el perezoso.

Jaime Balmes

Si tienes el arco tenso, muy pronto lo romperás.

Fedro

Quien tiempo toma tiempo le sobra.

Proverbio español

Todo género de vida, sin descansos alternativos, no es duradero.

Ovidio

Los ratos de ocio son el tiempo apto para hacer algo provechoso.

Jonathan Swift

57

DESINTERÉS

La abnegación ennoblece aun a las personas más vulgares.

Honoré de Balzac

Haz bien y no mires a quién.

Proverbio antiguo

No te engrías por los bienes recibidos, ni muestres repugnancia en dejarlos.

Marco Aurelio

El motivo es el que fija el mérito de las acciones humanas, y el desinterés, el que las lleva a la perfección.

Jean de La Bruyère

DESPOTISMO

Los espíritus mezquinos necesitan el despotismo para el juego de sus nervios, así como las almas grandes sienten sed de igualdad, para la acción de sus corazones.

Honoré de Balzac

Señores del jurado: ¡declarad culpables a estos hombres, haced escarmiento con ellos, ahorcadlos y salvaréis nuestras instituciones, nuestra sociedad!

Grinnel, fiscal que acusó a los mártires de Chicago

Considero a los trabajadores como una máquina, para ser usados en mi propio beneficio; y cuando envejecen y dejan de ser útiles, los arrojo a la calle.

Empresario de Massachusetts. 1885

Uno se transforma en "fuera de la ley" cuando la ley no es la misma para todos.

André Mandouze

DESPRECIO

Desprecio profundamente a los que gustan de marchar en fila al compás de una música; no puede ser más que por error que han recibido un cerebro; una médula espinal les bastaría ampliamente.

Albert Einstein

Si un hombre me mantiene a distancia, mi satisfacción es que él también se mantiene.

Jonathan Swift

Del árbol caído hacen leña.

Aforismo

Es más ejecutivo el desprecio que el temor.

Francisco de Quevedo

Vale más ser despreciado y saberlo, que vivir adulado tenido siempre en desprecio.

William Shakespeare

DESTINO

El hombre es el verdadero creador de su destino. Cuando no está convencido de ello, no es nada en la vida.

Gustave Le Bon

Lo que se considera ceguera del destino es en realidad propia miopía.

William Faulkner

El que nace para ser ahorcado nunca morirá ahogado.

Thomas Fuller

Siempre cumplimos nuestro destino por casualidad.

Marcel Achard

DEUDA

¡Tus cien escudos! Preferiría debértelos toda mi vida que negártelos un solo instante.

Pierre A. Beaumarchais

Si yo te debo una libra, tengo un problema; pero si te debo un millón, el problema es tuyo.

John M. Keynes

Deuda es la madre prolífica de locuras y desgracias.

Benjamin Disraeli

Presta dinero a tu enemigo y lo ganarás a él; préstalo a tu amigo y lo perderás.

Benjamin Franklin

Si quieres saber el valor del dinero, intenta pedir un préstamo.

Benjamin Franklin

Paga la mitad quien confiesa el débito.

Robert Herrick

Pobre, pero endeudado sólo consigo mismo.

Horacio

El capital es muy delicado, y los prestamistas muy tímidos.

Rudyard Kipling

DIFICULTAD

Dicen que hay maderas que no agarran el barniz.

Dicho popular

Nada imposible hay para los mortales.

Horacio

El lunes es un día difícil.

Proverbio cotidiano

Tan difícil es caminar por el filo de la navaja como escabrosa es la senda de la salvación.

Proverbio hindú

DINERO

Al hombre que hace su fortuna en un año habría que ahorcarlo al cabo de doce meses.

Anónimo

En el origen de todas las fortunas hay cosas que hacen temblar.

Louis Bourdalque

Para amasar un fortuna no se requiere ingenio, lo que se precisa es carecer de delicadeza.

Caballero de Bruix

Algún dinero evita preocupaciones; mucho, las atrae.

Confucio

Mirad a vuestro alrededor: los papas, los reyes, los jueces, los magistrados, los amigos, los enemigos, los grandes y los pequeños, todos tienen un solo móvil: la sed de oro.

Erasmo de Rotterdam

La salud de muchos hubiera sido mejor si sus riquezas hubieran sido menores.

Benjamin Franklin

La pobreza es llevadera pero con mucha plata.

Abraham Gaitán Mahecha

No hay dinero en la poesía, tampoco hay poesía en el dinero.

Robert Graves

Mira al dinero por encima del hombro, pero jamás lo pierdas de vista.

Sacha Guitry

Señores míos, en cuestiones de dinero el sentimentalismo cesa.

Hansemann

El capitalista puede ser considerado como el que se apropia de primera mano toda la riqueza social, aunque ninguna ley le ha transferido este derecho de apropiación.

Th. Hodskin

El dinero, venga de donde venga, huele bien.

Juvenal

El oro circula porque tiene valor, pero el papel moneda tiene valor porque circula.

Karl Marx

Si el dinero, según Augier, "nace con manchas naturales de sangre en un carrillo", el capital viene al mundo chorreando sangre y lodo por todos los poros, desde los pies a la cabeza.

Karl Marx

El dinero no da la felicidad, pero aplaca los nervios.

Mistinguett

No existe lucro ni provecho sino a costa de otro; de modo que en buena cuenta habría que condenar toda clase de ganancias.

Michel de Montaigne

Tres son los medios de atraerse la ruina: las mujeres, el juego y solicitar ayuda de los expertos.

Georges Pompidou

Una cierta enfermedad que llaman falta de dinero.

François Rabelais

Aquel que se enriquece rápidamente no será muy inocente.

Salomón

Cuando los ricos se hacen la guerra, son los pobres los que mueren.

Jean Paul Sartre

Si el dinero va por delante, todos los caminos están abiertos.

William Shakespeare

Con el dinero sucede lo mismo que con el papel higiénico: cuando se necesita, se necesita urgentemente.

Upton Sinclair

¿A qué infamias no obligas a los pechos mortales, sed execrable de dinero?

Virgilio

Si alguna vez ven saltar por la ventana a un banquero suizo, salten detrás. Seguro que hay algo que ganar.

Voltaire

DIOS

Es más corriente amar a Dios que al prójimo: cuesta menos.

Alfred Bougeart

¿Existe Dios? Si crees en él, existe; si no crees en él, no existe.

Máximo Gorki

Lo divino está en lo humano.

José Martí

Dios nos va a ayudar, pero ojalá nos ayude hasta que llegue su ayuda.

Refrán judío

Si naufragas en altamar, encomiéndate a Dios, pero sobre todo, no dejes de nadar.

Proverbio antiguo

DIPLOMACIA

He descubierto el arte de engañar a los diplomáticos: les digo la verdad y nunca me creen.

Camillo de Cavour

Un diplomático es un hombre que siempre recuerda el cumpleaños de una mujer pero nunca su edad.

Robert Frost

Cuando un diplomático dice "sí" significa "quizá". Cuando dice "quizá" significa "no". Y cuando dice "no" no es un diplomático.

H. L. Mencken

El mejor diplomático es aquel que habla más y dice menos.

Oscar Wilde

DIPUTADO

Quien no ha sido diputado no podrá hacerse una idea del vacío humano.

Léon Daudet

DISCIPLINA

Las leyes se obedecen pero no se cumplen.

Gonzalo Jiménez de Quesada

La prohibición sazona los manjares.

Michel de Montaigne

La disciplina es más poderosa que el número, y la disciplina, esto es, la perfecta cooperación, es un atributo de la civilización.

John Stuart Mill

DISCORDIA

Para mí, un cambio de disgusto es como unas vacaciones.

David Lloyd George

La concordia hace crecer las pequeñas cosas, la discordia arruina las grandes.

Salustio

Considera tú antes de entrar en las disputas pero, una vez estés en liza, hazte considerar.

William Shakespeare

Apagóse el tizón, y pareció quien lo encendió.

Refrán

Expulsa al insolente y partirá la discordia, cesarán pleitos y agravios.

Biblia, Proverbios

DIVERSIDAD

El andar a caballo a unos hace caballeros, a otros caballerizos.

Miguel de Cervantes

Todas las generalizaciones son peligrosas, incluso esta.

Alejandro Dumas

Las montañas siempre han hecho la guerra a las llanuras.

Victor Hugo

La unidad es la variedad, y la variedad en la unidad es la ley suprema del universo.

Isaac Newton

No a todos gusta lo mismo; unos cogen espinas, otros rosas.

Petronio

No se enganchan a la misma lanza el caballo fogoso y la cierva temerosa.

Ivan Turgueniev

DOLOR

Un enfriamiento de cabeza hace sufrir mucho más que una idea.

Jules Renard

Yo he nacido de mi dolor.

Antonin Artaud

El dolor es él mismo una medicina.

William Cowper

Dad palabra al dolor: el dolor que no habla gime en el corazón hasta que lo rompe.

William Shakespeare

67

DUDA

Considerad como sospechoso cuanto se os haya enseñado hasta hoy.

Agrícola

La duda es el principio de la sabiduría.

Aristóteles

La duda: la escuela de la verdad.

Francis Bacon

No menos que el saber me place el dudar.

Dante Alighieri

Sin duda no hay progreso.

Charles Darwin

Somételo todo a duda.

Máxima antigua

Dejemos esclarecer por el tiempo las dudas. La fortuna conduce al puerto muchas barcas sin piloto.

William Shakespeare

Mala cosa es tener un lobo cogido por las orejas, pues no sabes cómo soltarlo ni cómo continuar aguantándolo.

Terencio

ECONOMÍA

No robes: de esta manera no tendrás nunca suerte en los negocios. Haz trampas.

Ambrose Bierce

68

Uno es robado en la bolsa de la misma manera que uno es muerto en la guerra: por gente que no se ve.

Alfred Capus

He aquí la regla fundamental en los negocios: "Hazlo a los demás puesto que ellos te lo harán a ti".

Charles Dickens

Si colocáis a un hombre en el vacío, le robáis el aire. Pues lo mismo hacéis cuando os apoderáis de la tierra. Es tanto como colocarle en una atmósfera vacía de toda riqueza, para que tenga necesariamente que someterse a vuestra voluntad.

Colins

En los negocios no existen los amigos: no hay más que clientes.

Alejandro Dumas

La carestía del pan es un bien para los obreros, porque los obliga a trabajar con más ardor para vivir.

Diputado francés, 1821

La economía no trata de cosas sino de relaciones entre personas y, en última instancia, entre clases, si bien estas relaciones van siempre unidas a cosas y aparecen como cosas.

Friedrich Engels

La economía no es precisamente una vaca lechera para ser ordeñada, sino una ciencia que impone a quien la profesa un culto serio y celoso.

Friedrich Engels

El precio se olvida, la calidad permanece.

Proverbio francés

Un banco es un lugar en el que le prestan a usted un paraguas cuando hace buen tiempo y se lo piden cuando empieza a llover.

Robert L. Frost

Todo impuesto debe salir de lo superfluo, y no de lo necesario.

Gaspar Melchor de Jovellanos

En lugar de la explotación velada por las ilusiones religiosas y políticas, la burguesía ha establecido una explotación abierta, desvergonzada, directa y brutal.

Marx y Engels

La burguesía no puede existir sin revolucionar incesantemente los instrumentos de producción.

Marx y Engels

En economía política, la libre investigación científica tiene que luchar con enemigos que otras ciencias no conocen. El carácter especial de la materia investigada levanta contra ella las pasiones más violentas, más mezquinas y más repugnantes que anidan en el pecho humano: las furias del interés privado.

Karl Marx

El capital no es una cosa sino una relación social entre personas a las que sirven de vehículos las cosas.

Karl Marx

Los precios son establecidos por Dios.

Proverbio antiguo

Caro, pero querido; barato, pero podrido.

Proverbio ruso

Un pillo favorecido por la suerte deja de ser un pillo. Se convierte en un banquero, un político, un administrador, un comerciante: en una palabra, un hombre que ha triunfado.

Etienne Rey

Un banquero es un hombre que presta a otro hombre el dinero de un tercero.

Guy de Rothschild

Los empresarios desean verse libres del gobierno cuando prosperan, pero protegidos cuando les va mal.

William Simon

La gente escrupulosa no es adecuada para llevar a cabo grandes negocios.

Anne Robert Jacques Turgot

El interés es el perfume del capital.

Voltaire

Nuestras industrias se han expandido hasta tal punto, que harán estallar su ropa si no encuentran una salida libre hacia los mercados del mundo... Nuestros mercados nacionales no son suficientes. Necesitamos mercados extranjeros.

Woodrow Wilson

Las fábricas norteamericanas producen más de lo que el pueblo norteamericano puede usar; el suelo norteamericano nos entrega más de lo que consumimos. El destino nos ha fijado nuestra política; el comercio del mundo debe ser nuestro y lo será.

Albert J. Beveridge

EDAD

Imposible decir mi edad; a cada momento cambia.

Alphonse Allais

El fuego de la leña verde proporciona más humo que calor.

Proverbio español

El joven lucha para que el viejo goce.

J. Wolfgang Goethe

A cada edad le cae bien una conducta diferente.

Plauto

EDUCACIÓN

Amargas son las raíces del estudio, pero los frutos son dulces.

Catón

La única manera de educar es dando un ejemplo, a veces un ejemplo espantoso.

Albert Einstein

Sigue la mente de un maestro; caminar con él es avanzar.

J. Wolfgang Goethe

Abran escuelas para cerrar prisiones.

Victor Hugo

Si el hombre es formado por las circunstancias, será necesario formar las circunstancias humanamente.

Marx y Engels

Del sistema fabril... brota el germen de la educación del porvenir, en la que se combinará para todos los chicos a partir de cierta edad el trabajo productivo con la enseñanza y la gimnasia, no sólo como método para intensificar la producción social, sino también como el único método que permite producir hombres plenamente desarrollados.

Karl Marx

¡Estudia lo elemental! Para aquellos cuya hora ha llegado no es nunca demasiado tarde.

Bertolt Brecht

Procura instruirte mientras vivas; no creas que la vejez trae consigo la razón.

Solón

La educación hace de cada uno de nosotros una pieza de una máquina y no un individuo.

August Strindberg

EGOÍSMO

Después de nosotros, el fin del mundo.

Nerón

No hemos nacido solamente para nosotros.

Cicerón

No sea tu mano abierta para recibir y cerrada para dar.

Eclesiastés

Sólo sentimos los males públicos cuando afectan a nuestros intereses particulares.

Tito Livio

73

El egoísmo conserva a un hombre, como el hielo conserva la carne.

Jeanne Marni

Los intereses transigen, no las conciencias.

André Maurois

El que quiere en esta vida todas las cosas a su gusto, tendrá muchos disgustos en su vida.

Francisco de Quevedo

No hay montaña sin niebla; no hay hombre de mérito sin calumniadores.

Proverbio turco

Más que las ideas, a los hombres los separan los intereses.

Alexis de Tocqueville

El interés no tiene templos. Pero es adorado por muchos devotos.

Voltaire

El amigo que no presta y el cuchillo que no corta, que se pierda poco importa.

Refrán

Es bajeza de ánimo dirigir todas las acciones a la conveniencia propia, como a centro suyo.

Francis Bacon

El egoísta tiene su corazón en la cabeza.

Ovidio

ENEMIGO

De todos los peligros, el mayor es subestimar al enemigo.

Pearl S. Buck

Al enemigo que huye, la puente de plata.

Miguel de Cervantes

El que vence al furor vence a los enemigos.

Georg W. Hegel

Uno se entiende mejor con un enemigo que con un traidor.

Aristides Royo

No enciendas tanto la hoguera contra tu enemigo que alcance a quemarte.

William Shakespeare

No sabríamos ser muy circunspectos en la elección de nuestros enemigos.

Oscar Wilde

ENTUSIASMO

Existen momentos en que no podemos evitar hacer tonterías: esto se llama entusiasmo.

Henri Meilhac

Nada grande ha sido conquistado alguna vez sin entusiasmo.

Ralph W. Emerson

Cada producción de un genio constituye el producto de su entusiasmo.

Benjamin Franklin

75

ENVIDIA

El envidioso enflaquece al ver la opulencia del prójimo.

Horacio

Los envidiosos morirán, pero la envidia es inmortal.

Molière

El éxito de los demás me fastidia, pero mucho menos que si fuera merecido.

Jules Renard

La envidia va tan flaca y amarilla porque muerde y no come.

Francisco de Quevedo

ERUDICIÓN

Entre un pensador y un erudito existe la misma diferencia que entre un libro y un índice de materias.

Jean-Baptiste Say

Vale más ser el hombre de un solo maestro que el hombre de diez libros.

Proverbio alemán

No hay batalla entre la civilización o la barbarie, sino entre la falsa erudición y la naturaleza.

José Martí

La exactitud en las citas es una virtud más rara de lo que se cree.

Bayle

ERROR

Errar lo menos no importa si acertó lo principal.

Pedro Calderón de la Barca

Puedo perdonar todos los errores, menos los míos.

Catón

Humano es errar; pero sólo los estúpidos perseveran en el error.

Cicerón

El hombre yerra tanto como lucha.

J. Wolfgang Goethe

El que se pierde es el que encuentra las nuevas sendas.

Nils Kjaer

Cada vez que cometo un error me parece descubrir una verdad que aún no conocía.

Maurice Maeterlinck

Aprendemos errando.

Pietro Metastasio

Cada equivocación trae su contrario. Gracias a ello las ciencias naturales y desde luego las sociales, dieron grandes saltos de avance en el pasado y con toda seguridad los continuarán dando en el futuro.

Francisco Mosquera

Nadie es culpable cuando todos desatinan.

William Shakespeare

ESCUCHAR

Todas las cosas son ya dichas; pero como nadie escucha, hay que volver a empezar siempre.

André Gide

Presta a todos tu oído pero a pocos tu voz. Oye las censuras de los demás, pero reserva tu juicio.

William Shakespeare

Pega, pero escucha.

Temístocles

La diligencia en escuchar es el más breve camino hacia la ciencia.

Juan Luis Vives

Recordad que la naturaleza nos ha dado dos oídos y una sola boca para enseñarnos que más vale oír que hablar.

Zenón

ESPERANZA

La esperanza es un buen desayuno pero una mala cena.

Francis Bacon

Un granjero siempre se hará rico el año que viene.

Filemón

Creo que si miráramos siempre al cielo, acabaríamos por tener alas.

Gustave Flaubert

La esperanza es la segunda alma del desdichado.

J. Wolfgang Goethe

Adapta al breve espacio de tu vida una larga esperanza.

Horacio

Aprendamos a esperar siempre sin esperanza; es el secreto del heroísmo.

Maurice Maeterlinck

La esperanza hace que agite el náufrago sus brazos en medio de las aguas, aun cuando no vea tierra por ningún lado.

Ovidio

Nadie es jamás tan viejo que después de un día no espere otro.

Séneca

La esperanza es como el Sol, que arroja todas las sombras detrás de nosotros.

Samuel Smiles

Después de muchos días oscuros, vendrá uno sereno.

Tíbulo

ESPÍRITU

De altos espíritus es aspirar a cosas altas.

Miguel de Cervantes

Hay siempre en el alma humana una pasión por ir a la caza de algo.

Charles Dickens

El alma más fuerte y mejor constituida es la que no se enorgullece ni se enerva con los éxitos y a la que no abaten los reveses.

Plutarco

El espíritu humano avanza de continuo, pero siempre en espiral.

J. Wolfgang Goethe

Mi espíritu se niega a caminar si las piernas no lo llevan.

Michel de Montaigne

El espíritu sirve para todo, pero a nada conduce.

Maurice de Talleyrand-Périgord

ESTILO

Se cree que el estilo es una manera complicada de decir cosas sencillas, cuando no es sino una manera sencilla de decir cosas complicadas.

Jean Cocteau

El estilo es el hombre mismo.

Georges L. de Buffon

El modo es lo mejor que hay en todas las cosas.

Cleóbulo

Cada hombre tiene su propio estilo, como tiene su propia nariz.

Gotthold E. Lessing

El estilo es el olvido de todos los estilos.

Jules Renard

Todos los estilos son buenos, excepto el aburrido.

Voltaire

ESTUPIDEZ

Hay una diferencia entre la estupidez y el genio; y es que el genio tiene límites.

Proverbio inglés

Hasta los más estúpidos comprenden lo que quiere decir el rico, pero ni los más doctos entienden lo que dice el pobre.

Proverbio chino

Nada tan peligroso como una idea amplia en cerebros estrechos.

Hipólito Taine

Es una escuela muy cara la de la experiencia; sin embargo, los necios no aprenderán en ninguna otra.

Benjamin Franklin

Los sabios buscan la sabiduría; los necios creen haberla encontrado.

Napoleón Bonaparte

EXCESO

Si no quieres derramar el vino, no llenes demasiado el vaso.

Lao-Tse

La mucha luz es como la mucha sombra; no deja ver.

Octavio Paz

El exceso es el veneno de la razón.

Francisco de Quevedo

Las sensaciones extremas, cuando se prolongan, acaban por no sentirse.

William Shakespeare

Exceso en nada. Esta norma la considero de la mayor utilidad en la vida.

Terencio

EXCUSA

Muchas excusas son siempre menos convincentes que una sola.

Aldous Huxley

La gente no busca razones para hacer lo que quiere hacer; busca excusas.

William S. Maugham

Quien quiere ahogar a su perro dice que está rabioso.

Molière

Al que quiere su perro matar, fácil le es excusa hallar.

Refrán antiguo

Si el prior juega a los naipes, ¿qué harán los frailes?

Proverbio popular

ÉXITO

El requisito del éxito es la prontitud en las decisiones.

Francis Bacon

Quien sólo busca el aplauso de los demás, pone su felicidad en manos ajenas.

Oliver Goldsmith

Nunca emprenderíamos nada si quisiéramos asegurar por anticipado el éxito de nuestra empresa.

Napoleón Bonaparte

El éxito encubre mil desaciertos.

George Bernard Shaw

EXPERIENCIA

Hay que ser remero antes de llevar el timón, haber estado en la proa y observado los vientos antes de gobernar la nave.

Aristófanes

La experiencia es regalo de los años, pero no se deben contar.

Ausonio

Un hombre de experiencia sabe más que un adivino.

Fedro

Puedes comprar un perro pero no lograr que mueva la cola.

Proverbio chino

La experiencia no es lo que te sucede, sino lo que haces con lo que te sucede.

Aldous Huxley

La teoría es el capitán, y la práctica el soldado.

Leonardo da Vinci

Como las masas no se educan más que con las lecciones de la experiencia práctica, el aprendizaje habrán de acometerlo interviniendo en los enfrentamientos de clase.

Francisco Mosquera

La experiencia es una llama que no alumbra sino quemando.

Benito Pérez Galdós

Prefiere el bastón de la experiencia al carro rápido de la fortuna. El filósofo viaja a pie.

Pitágoras

Un experto es un hombre que ha dejado de pensar: sabe.

Frank L. Wright

FAMA

Una onza de buena fama, vale más que una libra de perlas.

Miguel de Cervantes

La popularidad es la gloria en calderilla.

Victor Hugo

Muchas personas cuidan su reputación y no cuidan su conciencia.

Publio Siro

Hombres ilustres tienen por tumba la tierra entera.

Tucídides

La fama, el más veloz de todos los males.

Virgilio

FAMILIA

Jamás en la vida encontrarás ternura mejor, más profunda, más desinteresada ni verdadera que la de vuestra madre.

Honoré de Balzac

Los padres, para ser felices, tienen que dar. Dar siempre, esto es lo que hace un padre.

Honoré de Balzac

En cuestión de árboles genealógicos es más seguro andarse por las ramas que atenerse a las raíces.

Jacinto Benavente

Mientras usted reposa, yo descanso.

Epitafio de un yerno en la tumba de su suegra.

Es un dichoso infortunio el no tener hijos.

Eurípides

Lo que hayan heredado de sus padres, vuélvanlo a ganar a pulso, o no será de ustedes.

J. Wolfgang Goethe

Las cenas de familia no consisten en devorarse entre parientes.

Jules Jouy

Antes de casarnos tenía seis teorías sobre el modo de educar a los pequeños. Ahora tengo seis hijos y ninguna teoría.

John Wilmot Rochester

No heredamos la tierra de nuestros antepasados. La legamos a nuestros hijos.

Antoine de Saint-Exupéry

Sabes que has tenido un padre... ¡Que tu hijo pueda reconocer también lo mismo!

William Shakespeare

Ama a tus padres si son justos; si no lo son, sopórtalos.

Publio Siro

FATIGA

A veces estoy tan cansado que bostezo mientras duermo.

Sacha Guitry

El cansancio ronca sobre los guijarros, en tanto que la tarda pereza halla dura la almohada de pluma.

William Shakespeare

La humanidad se cansa pronto de todo, en especial de lo que más disfruta.

George Bernard Shaw

Sin prisa, pero sin descanso.

J. Wolfgang Goethe

86

FEALDAD

Ninguna mujer es fea hasta el punto de ser insensible a los cumplidos.

Philip Dormer Chesterfield

No hay mujeres feas; sólo mujeres que no saben cómo parecer bellas.

Jean de La Bruyère

En cuanto a la virtud, la fealdad es ya la mitad del camino.

Heinrich Heine

La fealdad es menos horrible en un demonio que en una mujer.

William Shakespeare

Es mejor ser guapo que ser bueno. Pero... es mejor ser bueno que ser feo.

Oscar Wilde

FELICIDAD

La felicidad consiste en hacer el bien.

Aristóteles

Todo hombre tiene derecho a ser feliz.

Aristóteles

Para ser dichosa basta tener buena salud y mala memoria.

Ingrid Bergman

Cada uno es artífice de su ventura.

Miguel de Cervantes

En los ánimos encogidos nunca tuvo lugar la buena dicha.

Miguel de Cervantes

Vivir para otros no es sólo ley del deber, sino también ley de la felicidad.

Auguste Comte

No hay que pedir naranjas a los manzanos, ni amor a la mujer, ni felicidad a la vida.

Gustave Flaubert

El hombre más feliz del mundo es aquel que sepa reconocer los méritos de los demás y pueda alegrarse del bien ajeno como si fuera propio.

J. Wolfgang Goethe

La felicidad nace de la moderación.

J. Wolfgang Goethe

¿Por qué voy a cambiar mi valle de Sabina por riquezas tan pesarosas?

Horacio

La felicidad es un artículo maravilloso: cuanto más se da, más le queda a uno.

Blaise Pascal

Sé hoy feliz. El final está más cerca de lo que crees.

Proverbio chino

El pato es feliz en su sucio charco porque no conoce el mar.

Antoine de Saint-Exupéry

La única manera de multiplicar la felicidad es compartirla.

Paul Scherrer

FICCIÓN

Todo lo que una persona puede imaginar, otras podrán hacerlo realidad.

Julio Verne

Canas son, que no lunares, cuando comienzan por los aladares.

Máxima antigua

La verdad tiene que ser forzosamente más extraña que la ficción, porque la ficción nos la hacemos nosotros a nuestra medida.

Gilbert K. Chesterton

FIDELIDAD

La fidelidad es el esfuerzo de un alma noble para igualarse a otra más grande que ella.

J. Wolfgang Goethe

La férrea voluntad de un destino se rompe como una ola contra los escollos, ante la fe firme de una pareja fiel.

Theodor Körner

Los caminos de la lealtad son siempre rectos.

Ramón Llull

FILOSOFÍA

Estoy en favor de la filosofía, pero de una filosofía que venga de abajo, de la tierra, del proceso del trabajo que, estudiando los fenómenos de la naturaleza, somete la fuerza de esta última a los intereses del hombre.

Máximo Gorki

Los filósofos no han hecho más que interpretar de diversos modos el mundo, pero de lo que se trata es de transformarlo.

Karl Marx

Es cosa bien indigna que el camino que conduce a la filosofía esté cerrado y prohibido a la pobreza.

Pierre de la Ramée

Toda determinación es una negación.

Baruch de Spinoza

FINAL

El final es el lugar del que partimos.

Thomas S. Eliot

Desde el comienzo puede asegurarse el fin.

Quintiliano

El fin corona la obra.

Refrán

Gota a gota, la mar se apoca.

Proverbio popular

Ningún camino es malo como se acabe, si no es el que va a la horca.

Miguel de Cervantes

FORTUNA

Las grandes fortunas están hechas de infamias, las pequeñas de suciedades.

Henry Becque

El último escalón de la mala suerte es el primero de la buena.

Carlo Dossi

Puede privarnos de riquezas la fortuna, pero no de ánimo.

Eurípides

Sobre la gran balanza de la fortuna, raramente se detiene el fiel; debes subir o bajar; debes dominar y ganar o servir y perder, sufrir o triunfar; ser yunque o martillo.

J. Wolfgang Goethe

La fortuna da a muchos demasiado, a nadie bastante.

Marcial

En la próspera fortuna sé comedido; en la adversa, sensato.

Periandro

91

El destino baraja las cartas, nosotros las jugamos.

Iósiv Stalin

La única fortuna que vale la pena hallar es una meta en la vida.

Robert L. Stevenson

La fortuna favorece a los audaces.

Virgilio

Nada es más político que hacer concéntrica la rueda del entendimiento con la rueda de la fortuna.

Francis Bacon

Al que fortuna le viste, fortuna le desnuda.

Proverbio árabe

El provecho de unos es el daño de otros.

Michel de Montaigne

De todos los medios que conducen a la fortuna, los más seguros son la perseverancia y el trabajo.

Marie P. Reybaud

FRACASO

Hay derrotas que tienen más dignidad que una victoria.

Jorge Luis Borges

Todo fracaso es el condimento que da sabor al éxito.

Truman Capote

Una retirada no es una derrota.

Miguel de Cervantes

Cada fracaso enseña al hombre algo que necesitaba aprender.

Charles Dickens

El hombre puede ser destruido, pero no derrotado.

Ernest Hemingway

Podemos detenernos cuando subimos, pero nunca cuando descendemos.

Napoleón Bonaparte

Algunas caídas son el medio para levantarse a situaciones más felices.

William Shakespeare

Vale más fracasar honradamente que triunfar debido a un fraude.

Sófocles

No destruyas lo que no has conseguido.

Solón

Hay dos tragedias en la vida. La una es no lograr lo que se desea. La otra es lograrlo.

George Bernard Shaw

FUERZA

Con suavidad en la forma pero con fortaleza en el fondo.

Claudio Acquaviva

Las únicas fuerzas que nos favorecen son nuestras fuerzas.

Ugo Betti

La fuerza no es sino una casualidad nacida de la debilidad de los otros.

Joseph Conrad

Sé firme como una torre, cuya cúspide no se doblega jamás al embate de los tiempos.

Dante Alighieri

La fuerza no puede jamás persuadir a los hombres; sólo logra hacerles hipócritas.

François Fénelon

Haz por ser semejante a un promontorio. Las olas del mar se estrellan contra él de continuo, y él se mantiene inmóvil, hasta que en torno suyo se abonanzan las aguas.

Marco Aurelio

Quien tiene la voluntad tiene la fuerza.

Menandro

Excelente cosa es tener la fuerza de un gigante; pero usar de ella como un gigante es propio de un enano.

William Shakespeare

Una resolución enérgica cambia en el momento la más extrema desgracia en un estado soportable.

William Shakespeare

Siempre la fortuna es propicia a los fuertes.

Terencio

Es lícito repeler la fuerza con la fuerza.

Ulpiano

FUMAR

Pensar y fumar son dos operaciones que consisten en lanzar al aire nubecitas de humo.

Eça de Queiroz

De los fumadores podemos aprender la tolerancia. Todavía no conozco uno solo que se haya quejado de los no fumadores.

Sandro Pertini

Al cumplir los setenta años me he impuesto cierta prudente moderación con el tabaco: no fumar mientras duermo, no dejar de fumar mientras estoy despierto y no fumar más de un solo cigarrillo a la vez.

Mark Twain

Dejar el vicio de fumar es la cosa más sencilla del mundo. Lo digo por experiencia, porque yo lo he dejado mil veces.

Mark Twain

FUTURO

Es difícil prever cualquier cosa, pero sobre todo el futuro.

Strom Petersen

Ni ignorancia ni descuido respecto de lo futuro.

Virgilio

Cuando decimos que todo tiempo pasado fue mejor, condenamos el porvenir sin conocerlo.

Francisco de Quevedo

No sabemos lo que tendremos: la viruela o el dinero.

Béroalde de Verville

GENIO

El genio se compone de 2 por 100 de talento y 98 por 100 de perseverante aplicación.

Ludwig van Beethoven

Es necesario romper las ataduras de que la inteligencia está prefijada al nacer. El genio no es más que el fruto acabado de la constancia. Nadie es un genio por obra del cielo o de la suerte.

Antonio Machado

El genio es el arte de la oportunidad.

Napoleón Bonaparte

Los grandes genios, semejantes a los edificios elevados, quieren ser vistos a justa distancia.

Louis de Bonald

Cuando un verdadero genio aparece en el mundo, lo reconocéis por el signo de que todos los tontos se unen contra él.

Jonathan Swift

GOBIERNO

El que puede gobernar a una mujer, puede gobernar a una nación.

Honoré de Balzac

La burocracia es un mecanismo gigante operado por pigmeos.

Honoré de Balzac

Los hombres gobiernan el mundo, y las mujeres a sus hombres, ¿qué más quieren?

Bogumill Goltz

En el comunismo se cambia el gobierno de las personas por la administración de las cosas.

Friedrich Engels

El mejor gobierno es aquel que se hace superfluo.

Karl W. von Humboldt

El ministro debe morir más rico de buena fama y de benevolencia que de bienes.

Niccolo Maquiavelo

Curiosamente los votantes no se sienten responsables de los fracasos del gobierno que han votado.

Alberto Moravia

El Estado llama ley a su propia violencia y crimen a la del individuo.

Max Stirner

Si un pueblo tiene el gobierno que merece, ¿cuándo mereceremos no tener ninguno?

Paul Jean Toulet

GOZO

El secreto de mi felicidad está en no esforzarme por el placer, sino en encontrar el placer en el esfuerzo.

André Gide

Preciso es que el placer tenga sus penas, y el dolor sus placeres.

J. Wolfgang Goethe

Quien mezcle lo placentero con lo útil, ganará la aprobación de todos.

Horacio

Quien no ame el vino, las mujeres y las canciones, será un estúpido toda su vida.

Martín Lutero

Los placeres son como los alimentos: los más simples son los que causan menos sinsabores.

Joseph Sanial-Dubay

Los placeres sencillos son el último refugio de los hombres complicados.

Oscar Wilde

GRANDEZA

La caída de un gran hombre está siempre en relación con la altura a la que ha llegado.

Honoré de Balzac

La habilidad para ocultar la grandeza de los sentimientos es indicio de una inmensa superioridad.

Honoré de Balzac

Sencillo es todo lo verdaderamente grande.

Honoré de Balzac

Un hombre no es mayor que otro hasta que no hace cosas mayores.

Miguel de Cervantes

Es imposible elevarse en este mundo sobre los demás sin dignidad de carácter.

Philip Dormer Chesterfield

Por mirar la pequeñez de un gusano podemos perder la grandeza de un eclipse.

Confucio

La grandeza y el amor, como los perfumes, los que los llevan apenas los sienten.

Cristina de Suecia

Para ser grande hace falta 99 por 100 de talento, 99 por 100 de disciplina y 99 por 100 de trabajo.

William Faulkner

Todo lo verdaderamente grande pertenece a la humanidad entera.

Emil Ludwig

El hombre superior es impasible; se le vitupere o se le alabe, siempre sigue adelante.

Napoleón Bonaparte

Cuanto más alto ponga el hombre su meta, tanto más crecerá.

Friedrich von Schiller

GRATITUD

El agradecimiento envejece rápidamente.

Aristóteles

No arrojes piedras en la fuente que has bebido.

Talmud

El agradecimiento es una carga, y todos tienden a librarse de ella.

Denis Diderot

Si yo pudiera enumerar cuánto debo a mis grandes antecesores y contemporáneos, no me quedaría mucho en propiedad.

J. Wolfgang Goethe

El ánfora guarda siempre el aroma del primer vino que guardó.

Horacio

GRAVEDAD

No olvidemos que si la risa es propia del hombre, la gravedad lo es de animales.

Fernand Vandérem

GUERRA

El ejército no debe ser más que el brazo de la nación, nunca la cabeza.

Pío Baroja

El hombre ha nacido para luchar, y es como se le define mejor, diciendo que es un guerrero nato y que su vida, desde el principio hasta el fin, no es sino una batalla.

Thomas Carlyle

Cualquiera que sea el tema de la conversación, un viejo soldado hablará siempre de guerra.

Antón Chéjov

Si ha de hacerse la guerra, hágase únicamente con la mira de obtener la paz.

Cicerón

La próxima guerra mundial se llevará a cabo con piedras.

Albert Einstein

Uno cree que muere por la patria y muere por los industriales.

Anatole France

En la lucha, las horas de hastío y de angustia pasan rápidas, inadvertidas.

Máximo Gorki

En la paz, los hijos entierran a los padres; la guerra altera el orden de la naturaleza y hace que los padres entierren a sus hijos.

Herodoto

Cuando la sociedad humana llegue a una etapa en que las clases y los estados sean eliminados, ya no habrá guerras, contrarrevolucionarias o revolucionarias, injustas o justas. Esa será la era de la paz eterna para la humanidad.

Mao Tse-tung

La historia demuestra que las guerras se dividen en dos clases: las justas y las injustas. Todas las guerras progresistas son justas, y todas las que impiden el progreso son injustas.

Mao Tse-tung

La guerra es desarrollada antes que la paz.

Karl Marx

La inteligencia militar es una contradicción en sus términos.

Groucho Marx

En la guerra, como en el amor, para acabar es necesario verse de cerca.

Napoleón Bonaparte

No condeno en absoluto la guerra. La considero sagrada contra todo género de opresores.

Francisco Pi y Margall

El oro y las riquezas son las causas principales de las guerras.

Tácito

La guerra es una masacre entre gentes que no se conocen para provecho de gentes que sí se conocen pero que no se masacran.

Paul Valéry

GUSTO

No respondo de tener gusto, pero tengo el disgusto muy seguro.

Jules Renard

Por un gustazo, un porrazo o un trancazo.

Máxima popular

Hay gustos que merecen palos.

Máxima

Ojos hay que de legañas se enamoran, o se pegan.

Proverbio antiguo

Al gusto estragado lo dulce le es amargo.

Refrán

El gusto está hecho de mil repulsiones.

Paul Valéry

HABLAR

Diez lenguas que afirman no valen dos ojos que ven.

Proverbio siamés

Que vuestros discursos sean como las estrellas, que emiten poca luz porque se hallan a gran altura.

Francis Bacon

Quien dice lo que sabe, dice también lo que ignora.

Francis Bacon

A veces hablamos mucho y decimos poco. Para expresar más, conviene pensar más.

Honoré de Balzac

Si me callo, muero; pero, habiendo hablado, si muero, no callo.

Henri Barbusse

Lo que se sabe sentir se sabe decir.

Miguel de Cervantes

Hay que decir la verdad, no hablar mucho.

Demócrito

Si dices lo que quieres, oyes lo que no quieres.

Filón

Unas palabras suaves pueden golpear con rudeza.

Benjamin Franklin

Ni una palabra asoma a mis labios sin que haya estado primero en mi corazón.

André Gide

Si los que hablan mal de mí supieran exactamente lo que pienso de ellos, aún hablarían peor.

Sacha Guitry

Sólo valen las palabras. Lo demás es charlatanería.

Eugène Jonesco

Las heridas de la lengua son más peligrosas que las del sable.

Proverbio árabe

Boca de miel, corazón de hiel.

Plauto

Si usted habla todo el tiempo, yo no tengo más remedio que callar.

Jean Racine

Es mísero callar cuando importa hablar.

Salustio

Los puñales, cuando no están en la mano, pueden estar en las palabras.

William Shakespeare

Es mejor tener la boca cerrada y parecer estúpido que abrirla y disipar toda duda.

Mark Twain

Hablo mucho de mí, porque soy el hombre que tengo más a mano.

Miguel de Unamuno

El secreto de aburrir es contarlo todo.

Voltaire

Hay personas que hablan, hablan... hasta que encuentran algo que decir.

Sacha Guitry

Una palabra mal colocada estropea el más bello pensamiento.

Voltaire

Que hablen de uno es espantoso. Pero hay algo peor:
que no hablen.

Oscar Wilde

El hombre se revela en la conversación no sólo por lo
que dice, sino por lo que calla.

Stefan Zweig

HÉROE

Un héroe es el que hace lo que puede. Los demás no lo
hacen.

Romain Rolland

Héroe es el hombre inconmoviblemente afirmado en
sus principios.

Ralph W. Emerson

El infortunio, el aislamiento, el abandono y la pobreza
son campos de batalla que tienen sus héroes.

Víctor Hugo

Obedece de buen grado a la fuerza, y si estás resuelto,
si quieres sostener el asalto, expón tu casa, tu honor y
tu persona.

J. Wolfgang Goethe

HIPOCRESÍA

Sexto habla de la virtud meneando el trasero.

Juvenal

Aunque la hipocresía suele andar lista, a largo andar se le cae la máscara y queda sin el alcanzado premio.

Miguel de Cervantes

Cara de beato y uñas de gato.

Proverbio popular

Cuando el diablo reza, engañarte quiere.

Refrán

HISTORIA

El historiador es un profeta que mira para atrás.

Heinrich Heine

Hay que tratar con cuidado las historias viejas; se parecen a rosas marchitas que se deshojan al menor contacto.

Selma Lagerlöf

La historia se desarrolla con frecuencia a saltos y en zigzags.

Friedrich Engels

La historia, al igual que el conocimiento, no puede encontrar jamás su remate definitivo en un Estado ideal perfecto de la humanidad; una sociedad perfecta, un Estado perfecto, son cosas que sólo pueden existir en la imaginación.

Friedrich Engels

Hegel dice en alguna parte que todos los grandes hechos y personajes de la historia universal se producen, como si dijéramos, dos veces. Pero se olvidó de agregar: una vez como tragedia y otra vez como farsa.

Karl Marx

Los hombres hacen su propia historia, pero no la hacen a su libre arbitrio, bajo circunstancias elegidas por ellos mismos, sino bajo aquellas circunstancias con que se encuentran directamente, que existen y transmiten el pasado.

Karl Marx

La tradición de todas las generaciones muertas oprime como una pesadilla el cerebro de los vivos.

Karl Marx

Leed la historia. Ved a ejércitos invencibles en fuga enloquecida.

George Bernard Shaw

HOGAR

Más provecho hace el pan a secas en el propio hogar que el acompañado con abundantes viandas en la mesa ajena.

Pietro Aretino

Las casas se construyen para ser habitadas, no para ser contempladas.

Francis Bacon

Para conocer a la gente hay que ir a su casa.

J. Wolfgang Goethe

En su casa, hasta los pobres son reyes.

Félix Lope de Vega

HONRADEZ

Mi padre me decía a menudo: "Sé honrado, esto siempre hará un crápula menos".

Marcel Achard

¡Vivan las personas honradas! Todavía son menos canallas que las demás.

Henry Becque

La integridad no está sujeta a reglas.

Albert Camus

La honestidad es incompatible con amasar una fortuna.

Mahatma Gandhi

Ser honesto es aburrirse gratis.

Enrique Jardiel Poncela

Nunca el honor se perdió mientras que duró el secreto.

Félix Lope de Vega

Es un hombre honrado: deja lo que no puede tomar; no bebe de una botella vacía ni suele esconder en su bolsillo ningún reloj de iglesia.

Wilhelm Müller

109

HUÉRFANO

No todo el mundo puede ser huérfano.

Jules Renard

HUMANIDAD

**Ha de buscarse en el hombre mismo
mucho más de lo que se ha buscado.**

Guillaume Apollinaire

**El hombre ha de divinizarse
Más puro, vivo y sabio.**

Guillaume Apollinaire

**Yo mismo,
formado por todos los cuerpos y las cosas humanas.**

Guillaume Apollinaire

**Este es un pequeño paso para el hombre, un paso de
gigante para la humanidad.**

Neil Armstrong

**Un hombre nulo es algo horrible. Pero hay otra cosa
peor: un hombre anulado.**

Honoré de Balzac

**En esencia, las tareas tácticas y estratégicas de la
gerontología se encierran en la fórmula: añadir años a
la vida y vida a los años.**

D. Chebotariov

Por pobre desgraciado que sea un sacerdote, siempre tiene, sobre la mayoría de los demás hombres, la superioridad de no estar casado.

Henry de Montherlant

El hombre es obra de la naturaleza, existe en la naturaleza, está sometido a sus leyes de las que no puede librarse, no puede ni siquiera imaginariamente salir de ella.

Paul-Henri D'Holbach

El hombre es un todo organizado, compuesto de diferentes materias.

Paul-Henri D'Holbach

Un ser que se acostumbra a todo: tal parece la mejor definición que puedo hacer del hombre.

Fiódor Dostoievski

Sé de todos los sitios donde se posa la paloma
el más natural es la cabeza del hombre.

Paul Eluard

El hombre no es más que pura fantasmagoría mientras no tenga como fundamento el hombre empírico.

Friedrich Engels

No sólo lo congénito, sino lo adquirido forma al hombre.

J. Wolfgang Goethe

Si ante ti, naturaleza, yo no fuera más
que un hombre,
valdría entonces la pena seguir
siendo ese hombre.

J. Wolfgang Goethe

No nos equivocamos cuando decimos que la mujer es la mitad del hombre. Pues un hombre casado ya no es sino una mitad de hombre.

Romain Rolland

El hombre nace para que un día nazca un hombre mejor.

Máximo Gorki

Si es necesario hablar de lo "sagrado", diré entonces que lo único que yo considero sagrado es la insatisfacción del hombre consigo mismo, sus esfuerzos para llegar a ser mejor de lo que es, también considero sagrado su odio a toda la inutilidad que trastorna la vida y a la que él mismo ha dado el ser: su deseo de poner fin a la envidia, la codicia, el crimen, la enfermedad, las guerras y toda enemistad entre los pueblos del mundo; su trabajo.

Máximo Gorki

El hombre más fuerte es el que está más solo.

Henrik Ibsen

El hombre no es esclavo de su pensamiento ni menos aún de su lenguaje, sino que es el amo de uno y otro.

A. Leontiev

El hombre no es un insecto que se anda por la contrahecha y burlona faz de la vieja Tierra, sino una fuerza activa y creadora.

A. Leontiev

El hombre
con sus grandes ojos abraza a la Tierra.

Vladimir Maiakovski

Transformar una experiencia en conciencia, en esto estriba ser hombre.

André Malraux

Si los que viven abajo no piensan en la vida de abajo, jamás subirán.

Bertolt Brecht

La "historia de la humanidad" debe estudiarse y elaborarse siempre en conexión con la historia de la industria y del intercambio.

Karl Marx

Nuestro ferviente deseo de vivir está en contradicción con los achaques de la vejez y la brevedad de la vida. Es la máxima discordancia de la naturaleza humana.

J. Méchnikov

El hombre es el único zorro que instala una trampa, le pone una carnada y luego mete la pata.

John Steinbeck

El hombre tiene muchas esposas, como el rico muchas casas.

Proverbio vietnamita

Como en la planta, residen en el hombre dos potencias enemigas, la benignidad y la malignidad, y cuando predomina la peor, el cáncer de la muerte lo devora.

William Shakespeare

Y he visto mercados de hombres donde se comercia con el hombre.

Bertolt Brecht

Todo hombre es como la Luna: con una cara oscura que a nadie enseña.

Mark Twain

Nuestra verdadera nacionalidad es la humanidad.

Herbert G. Wells

A veces pienso que Dios cuando creó al hombre sobre-estimó un poco su habilidad.

Oscar Wilde

El hombre no tiene alas, y en cuanto a la relación entre el peso de su cuerpo y el peso de los músculos, es 72 veces más débil que un pájaro... No obstante, yo creo que el hombre volará apoyándose no en la fuerza de sus músculos sino en la de su razón.

N. E. Zhukovski

HUMILDAD

Los ríos más profundos son siempre los más silenciosos.

Quinto Curcio

No seas jamás humilde con los soberbios, ni soberbio con los humildes.

Jefferson Davis

El que con perspicacia reconoce la limitación de sus facultades, está muy cerca de llegar a la perfección.

J. Wolfgang Goethe

Aquí yace Piron, que no fue nada, ni siquiera académico.

Alexis Piron

La respuesta humilde calma la cólera.

Salomón

No pido riquezas, ni esperanzas, ni amor, ni un amigo que me comprenda; todo lo que pido es el cielo sobre mí y el camino a mis pies.

Robert L.Stevenson

Nací modesto... pero no me duró.

Mark Twain

HUMOR

El humorista corre con la liebre; el satírico caza con los perros.

Ronald Knox

El buen humor es el objetivo de la vida.

Demócrito

El verdadero humor empieza cuando ya no se toma en serio la propia persona.

Hermann Hesse

Si me fuera dado escoger de nuevo, volvería a preferir el humor, aspecto alegre y optimista de la vida, a la seriedad monolítica, símbolo de la amargura y el pesimismo. Y volvería a preferir la locura, con sus ingredientes de fantasía creadora, inconformidad e innovación, a la cordura amañada del establecimiento, efigie de la obediencia ciega y de la domesticación frente a las injusticias ancestrales.

Hernando Patiño

IDEA

Para mí no hay ideas que existan fuera del hombre; para mí es el hombre y sólo el hombre, el que ha creado todas las cosas y todas las ideas; es él, un hacedor de milagros y el futuro amo de todas las fuerzas de la naturaleza.

Máximo Gorki

¿Acaso lo que excluye toda idea puede ser otra cosa que la nada?

Meslier

Es bueno para los hombres creer en las ideas y morir por ellas.

Jean Anouilh

Toda idea que triunfa marcha hacia su perdición.

André Breton

No faltan los que mueren por una meta elevada.

George Gordon Byron

Al hombre justo y tenaz en sus propósitos, ni el furor de ciudadanos poderosos ni el rostro fiero de un tirano amenazador lograrán hacer que altere su firme pensamiento.

Horacio

No se pueden matar las ideas a cañonazos, ni ponerles las esposas.

Louise Michel

Las grandes cosas se realizan por hombres que insisten en una única idea.

John H. Newman

Desgraciados los hombres que tienen todas las ideas claras.

Louis Pasteur

IGNORANCIA

La ignorancia está más cerca de la verdad que el prejuicio.

Denis Diderot

Para juzgar con equidad debemos conocer cómo aprecian las cosas los ignorantes.

George Eliot

La ignorancia y el error son tan imprescindibles en la vida como el pan y el agua.

Anatole France

Como es más lo que ignoras que lo que sabes, no hables mucho.

Ramón Llull

En España, de diez cabezas, una piensa y nueve embisten.

Antonio Machado

Se puede andar con una pistola cargada, se puede andar con una pistola descargada; pero no se puede andar con una pistola que no se sabe si está cargada o descargada.

Mark Twain

IGUALDAD

La igualdad ante la ley sólo prueba una cosa: que no hay otra.

Barbey d'Aurevilly

La tierra y las invenciones de los hombres de ciencia, deben ser utilizadas en beneficio de todos.

George Engel

La ley de la naturaleza del hombre es la igualdad.

Eurípides

No hay razas inferiores; todas están destinadas a alcanzar la libertad.

Alexander von Humboldt

Quiero ser el hermano del hombre blanco, no su hermano político.

Martin Luther King

Todos los hombres nacen iguales, pero es la última vez que lo son.

Abraham Lincoln

INACTIVIDAD

Por la calle del ya voy se va a la casa del nunca.

Miguel de Cervantes

Nunca estoy tan ocupado como cuando no tengo nada que hacer.

Escipión el Africano

Nadie llega más lejos que el que no va a ninguna parte.

Graham Greene

¡Desdichados los inciertos y los parsimoniosos! Se perece por falta mucho más que por exceso.

Saint-John Perse

Si perdemos el día de hoy en la holganza, lo mismo nos sucederá mañana, y peor todavía pasado mañana. Agarremos los instantes por la punta.

William Shakespeare

INCONFORMISMO

Te parezco una hormiga, pero algún día seré león.

Agesilao

Sí, elegí el infierno con plena conciencia.

Louis Aragon

Es la muerte que consuela, ¡ay! y hace vivir.
Es el famoso albergue mencionado en los libros
Donde uno podrá lavarse, comer, dormir...

Charles Baudelaire

¡Ah, los dioses no vienen a nuestros mercados!
distribuyendo el alimento en cestas rebosantes,
animados por el pan y animados por el vino,
qué buenos seríamos, y fraternales al fin.
¡Ah, los dioses no proclaman hasta las nubes
que a los hombres buenos se les debe un mundo bueno!

Bertolt Brecht

119

¿Qué es un rebelde? Un hombre que dice no.

Albert Camus

La espada que no se hunde en el corazón
de los amos de los culpables
Se hunde en el corazón de los pobres los inocentes.

Paul Eluard

Nada es suficiente para quien poco es lo suficiente.

Epicuro

Aquí abajo todo está aderezado con un toque de locura.

Erasmo de Rotterdam

Os hablo de los muertos que murieron sin primavera.

Paul Eluard

Mirando bien la cosa
Ningún káiser nos sirve.

Heinrich Heine

La paloma protesta contra el aire, sin darse cuenta de
que es lo único que le permite volar.

J. Wolfgang Goethe

¡Qué tiempos estos en que hablar sobre árboles es casi
un crimen porque supone callar sobre tantas alevosías!
Ese hombre que va tranquilamente por la calle, ¿lo
encontrarán sus amigos cuando lo necesiten?
Es cierto que aún me gano la vida.
Pero, creedme, es pura casualidad.

Bertolt Brecht

En mis treinta años hay muy poco a lo que pueda asirme. No tengo ningún dios, ni quiero tenerlo; la fe es solamente otra palabra para encontrarse a sí mismo.

John Reed

La rebeldía es la virtud original del hombre.

Arthur Schopenhauer

El descontento es el primer paso en el progreso de un hombre o una nación.

Oscar Wilde

INCONSTANCIA

Ningún hombre docto ha dicho que un cambio de opinión es inconstancia.

Cicerón

El que siempre emprende nada termina.

Demócrito

Cuanto más fuerte es un carácter, menos sujeto está a la inconstancia.

Stendhal

Nada es constante en este mundo sino la inconstancia.

Johathan Swift

INDECISIÓN

Estoy metido en la indecisión como otros lo están en los negocios.

Pierre Daninos

Todo hombre bueno es algo indeciso.

Ramón de Campoamor

¿Qué otra cosa que una vergonzante derrota puede esperar a un hombre que quiere y no quiere?

Thomas Carlyle

INDISCRECIÓN

Tengo la mayor confianza en vuestra indiscreción.

Sydney Smith

Nunca son indiscretas las preguntas. Pero a veces las respuestas lo son.

Oscar Wilde

Discreción en la oratoria es más que elocuencia.

Francis Bacon

De una confidencia a una indiscreción, no hay más distancia que del oído a la boca.

Petit Senn

INFIDELIDAD

Tiene más cuernos que una arroba de caracoles.

Anónimo

No eche veneno en los vasos de los ausentes.

Pitágoras

Debemos desconfiar unos de otros. Es nuestra única defensa contra la traición.

Tennessee Williams

Las mujeres son golosas precisamente del hombre que no les pertenece.

Honoré de Balzac

Vale más un fiero león delante que un perro traidor detrás.

Proverbio irlandés

INFIERNO

Infierno cristiano, fuego. Infierno pagano, fuego. Infierno mahometano, fuego. Infierno hindú, llamas. De creer a las religiones, Dios nació tostador.

Victor Hugo

La más espantosa de las ideas, la que más ha corrompido la naturaleza humana, es la del castigo eterno.

Morley

En Londres, 50.000 personas se despiertan por la mañana sin saber dónde pasarán la noche siguiente.

Friedrich Engels

Por el clima prefiero el paraíso, pero la compañía la escogería en el infierno.

Mark Twain

INGENIO

La improvisación es la verdadera piedra de toque del ingenio.

Molière

A nadie ha hecho rico el cultivo del ingenio.

Petronio

Preferiría perder un amigo antes que dejar de decir una frase ingeniosa.

Quintiliano

El talento sin ingenio es bien poco. El ingenio sin talento es nada.

Paul Valéry

INGENUIDAD

Has confiado la oveja al lobo.

Terencio

El 28 de diciembre nos recuerda lo que somos durante los 364 días del año.

Mark Twain

INGRATITUD

La ingratitud proviene, tal vez, de la imposibilidad de pagar.

Honoré de Balzac

¿No será preferible crear ingratos que dejar de hacer el bien?

Denis Diderot

Mal hombre es aquel que sabe recibir un beneficio y no sabe devolverlo.

Plauto

Hacer beneficios a un ingrato es lo mismo que perfumar a un muerto.

Plutarco

Mendigo como soy, también soy pobre en agradecimiento.

William Shakespeare

INICIATIVA

La iniciativa consiste en la estricta ejecución de las órdenes recibidas.

Definición militar

INJUSTICIA

Mientras reine la violencia, la ayuda puede negarse.
Cuando ya no reine la violencia, no se necesitará la ayuda.
Lo que debéis hacer no es, pues, pedir ayuda,
sino suprimir la violencia.
Violencia y ayuda forman un todo.
El todo es lo que hay que abolir.

Bertolt Brecht

Cien años de injusticia no hacen derecho.

Georg W. Hegel

Cuando llegaron los europeos, nosotros teníamos la tierra y ellos la Biblia; cuando se fueron, ellos se quedaron con la tierra y nosotros con la Biblia.

Aforismo kenyata

125

Desde ahora, dominarán los banqueros.

Lafitte

Quien busque la injusticia no necesitará lámpara.

George C. Lichtenberg

A veces sucede así en la vida: cuando son los caballos los que han trabajado, es el cochero el que recibe la propina.

Daphne du Maurier

La injusticia hecha a uno solo es una amenaza dirigida a todos.

Charles Montesquieu

El fuero para el gran ladrón, la cárcel para el que roba un pan.

Pablo Neruda

Tú dices que tu dios es bueno, y nos matas; dices que es piadoso, y nos robas.

Poema inca

La peor forma de injusticia es la justicia simulada.

Platón

**¿Qué compráis tan caro
con vuestro dolor y vuestro miedo?**

Percy B. Shelley

La absolución del culpable es la condenación del justo.

Publio Siro

Es muy difícil no ser injusto con lo que uno ama.

Oscar Wilde

INSENSATEZ

El primer vaso corresponde a la sed, el segundo a la alegría, el tercero al placer, el cuarto a la insensatez.

Apuleyo

Hay un rincón de insensatez en el cerebro del más sabio.

Aristóteles

Todo es posible a condición de ser lo suficientemente insensato.

Niels Bohr

INTELIGENCIA

Hay tres clases de inteligencia: la inteligencia humana, la inteligencia animal y la inteligencia militar.

Aldous Huxley

La inteligencia anula el destino. Mientras un hombre piensa, es libre.

Ralph W. Emerson

Ser capaz de discernir que lo verdadero es lo verdadero y que lo falso es lo falso, he aquí el signo y el carácter de la inteligencia.

Emanuel Sweedenborg

Cuanto más amplia es una inteligencia, tanto más sufre con su limitación.

Edmond Thiaudiere

Son inteligentes pero nunca disfrutan de la vida.

Jules Renard

IRA

Cuando la cólera sale de madre, no tiene la lengua padre, ayo ni freno que la corrija.

Miguel de Cervantes

Lo que empieza en cólera acaba en vergüenza.

Benjamin Franklin

Por estas dos cosas no debe airarse un hombre nunca: por lo que puede remediar y por lo que no puede remediarse.

Thomas Fuller

Ten el valor de la astucia que frena la cólera y espera el momento propio para desencadenarla.

Gengis Kan

Cuando deje de indignarme, habrá comenzado mi vejez.

André Gide

La ira es un caballo fogoso; si se le da rienda suelta, se agota pronto por un exceso de ardor.

William Shakespeare

Cuando estés irritado, cuenta hasta diez; cuando estés muy irritado, suelta palabrotas.

Mark Twain

IRONÍA

Ironizar: acariciar a contrapelo.

Jean Bonot

Es natural condición de mujeres desdeñar a quien las quiere y amar a quien las aborrece.

Miguel de Cervantes

El que hace burla o risa de otro, gana un gusto pequeño y un enemigo grande.

Francisco de Quevedo

JEFE

Algunos jefes son seguidos tan ciegamente, que hay que estar ciego para seguirlos.

Gérard de Rohan-Chabot

Desmayó el capitán, abandonáronse los marineros.

Miguel de Cervantes

Miembros y contrarios miembros hieren,
mas muerta la cabeza todos mueren.

Juan de Castellanos

JUEGO

El juego es la única pasión que puede competir con el amor.

Alfred de Musset

Para no perder, el jugador no cesa nunca de perder.

Ovidio

El trabajo es todo lo que se está obligado a hacer; el juego es lo que se hace sin estar obligado a ello.

Mark Twain

Tanto se pierde por carta de más como por carta de menos.

Miguel de Cervantes

Tres cosas pierden al hombre: las mujeres, el juego y la agricultura.

Dicho antiguo

JUSTICIA

Los que mueren por una causa justa y noble nunca quedan frustrados.

George Gordon Byron

Si acaso doblares la vara de la justicia, no sea con el peso de la dádiva, sino el de la misericordia.

Miguel de Cervantes

La justicia militar es a la justicia lo que la música militar es a la música.

Georges Clemenceau

La caridad empieza en nuestra casa y la justicia en casa del vecino.

Charles Dickens

Haz sólo lo que sea justo; lo demás vendrá por sí solo.

J. Wolfgang Goethe

Todo juez de sí mismo halla luego textos de escapatoria.

Baltasar Gracián

La vida es breve, el arte largo, la ocasión, fugaz, vacilante la experiencia y el juicio difícil.

Hipócrates

Aléjese de los palacios el que quiera ser justo.

Lucano

Jamás, ni por un instante, he visto claro dentro de mí mismo. ¿Cómo pretendes, entonces, que juzgue las acciones de los demás?

Maurice Maeterlinck

Yo declaro que la justicia no es otra cosa que la conveniencia del más fuerte.

Platón

Cuando el orden es injusticia, el desorden es ya un principio de justicia.

Romain Rolland

Si a cada cual se le diese su merecido, ¿qué hombre podría escapar del látigo?

William Shakespeare

Encontrad la riqueza, pero que ningún impostor la acumule; tejed vestidos, pero que ningún ocioso los lleve; forjad armas pero, sólo, para usarlas en vuestra defensa.

Percy B. Shelley

Es mejor arriesgarse a salvar un culpable que condenar un inocente.

Voltaire

Los pueblos a quienes no se hace justicia se la toman por sí mismos más pronto o más tarde.

Voltaire

Quien no es más que justo es duro.

Voltaire

Sólo se puede pronunciar el juicio final sobre un hombre cuando se ha clavado la tapa de su ataúd.

Lin Yutang

LAICISMO

Existen hombres que se alarmarían menos ante una invasión de bárbaros que ante la resurrección de una orden religiosa.

Louis de Bonald

LENGUAJE

La lengua es lo mejor y lo peor que poseen los hombres.

Anacarsis

Sólo valen las palabras. Lo demás es charlatanería.

Eugène Ionesco

Las traducciones son como las mujeres: cuando son hermosas, no son fieles. Y cuando son fieles, no son hermosas.

Edmond Jaloux

Los apodos y los zurriagazos, una vez aplicados, no hay medio de quitárselos de encima.

Walter S. Landor

Palabra adornada no es sincera.

Lao-Tse

El lenguaje es la realidad inmediata del pensamiento.

Karl Marx

El único lenguaje verdadero en el mundo es un beso.

Alfred de Musset

La repetición es la más vigorosa de todas las figuras retóricas.

Napoleón Bonaparte

Una palabra bien elegida puede economizar no sólo cien palabras sino cien pensamientos.

Henri Poincaré

El pueblo me enseñó el griego.

Protágoras

Si a los cultos estuviera confiado dar el aliento a los idiomas, todavía estaríamos hablando en latín.

Alfonso Reyes

Quien lengua tiene, a Roma va.

Refrán antiguo

El lenguaje es un medio para transformar nuestra experiencia personal en experiencia externa y colectiva.

Bertrand Russell

Hay palabras que suben como el humo, y otras que caen como la lluvia.

Marquesa de Sévigné

Las lenguas, como las religiones, viven de las herejías.

Miguel de Unamuno

Es imposible traducir la poesía. ¿Acaso se puede traducir la música?

Voltaire

LEY

Las leyes son como los proverbios: siempre se encuentra una que justifica la violación de la otra.

Henry Maret

Las leyes, como las casas, se apoyan unas en otras.

Edmund Burke

La ley no da los mismos derechos al pobre que al rico.

Plauto

El destino de las leyes no es menos el de socorrer a los ciudadanos que el de amedrentarlos.

Voltaire

LIBERTAD

Aunque me quede solo, no cambiaría mis libres pensamientos por un trono.

George Gordon Byron

No hay en la tierra contento que se iguale a alcanzar la libertad perdida.

Miguel de Cervantes

La libertad no consiste en tener un buen amo, sino en no tenerlo.

Cicerón

El único medio de conservar el hombre su libertad es estar siempre dispuesto a morir por ella.

Diógenes

Somos libres; libres como las barcas perdidas en el mar.

John Dos Passos

No creo, en el sentido filosófico del término, en la libertad del hombre. Cada uno obra no sólo por una coacción exterior, sino también por una necesidad interior.

Albert Einstein

Un hombre no puede ser el dueño de otro hombre.

Epicteto

No se hace digno de la libertad y de la existencia sino aquel que tiene que conquistarlas cada día.

J. Wolfgang Goethe

El hombre que no es capaz de luchar por la libertad, no es un hombre, es un siervo.

Georg W. Hegel

La libertad es la necesidad comprendida.

Georg W. Hegel

Nada hay en la vida más precioso que la libertad.

Ho Chi Minh

La vida no tiene valor donde falta la libertad.

Theodor Körner

El Estado en el que coexisten la libertad y la esclavitud no puede perdurar.

Abraham Lincoln

Sé mal lo que es la libertad, pero sé bien lo que es la liberación.

André Malraux

La libertad cuesta muy cara y es necesario resignarse a vivir sin ella o comprarla a su precio.

José Martí

Así como de la noche sale el claro día, de la opresión nace la libertad.

Benito Pérez Galdós

La libertad es una condición esencial del hombre. Tocarla es un sacrilegio; es violar su personalidad.

Francisco Pi y Margall

Un pueblo habituado durante largo tiempo a un régimen duro pierde gradualmente la noción misma de libertad.

Jonathan Swift

El pobre no es libre, en todas partes es un siervo.

Voltaire

Proclamo en voz alta la libertad de pensamiento, y muera el que no piense como yo.

Voltaire

No os dejéis imponer por la palabra abstracta libertad. ¿Libertad de quién?

Karl Marx

LIBROS

Algunos libros son inmerecidamente olvidados; ninguno es inmerecidamente recordado.

Wystan H. Auden

La lectura hace al hombre completo. La conversación lo hace ágil. La escritura lo hace preciso.

Francis Bacon

Yo creo que para ser escritor basta tener algo que decir en frases propias o ajenas.

Pío Baroja

El libro que no se dirija a la mayoría (en número e inteligencia) es un libro tonto.

Charles Baudelaire

Quien no sabe concentrarse, nunca sabrá escribir.

Nicolas Boileau

Un soneto perfecto vale por un largo poema.

Nicolas Boileau

El que lee mucho y anda mucho, va mucho y sabe mucho.

Miguel de Cervantes

Letras sin virtud son perlas en el muladar.

Miguel de Cervantes

Si no pasa nada, escríbenos para decirlo.

Cicerón

El que lee mucho intentará algún día escribir.

William Cowper

No hay mejor fragata que un libro para llevarnos a tierras lejanas.

Emily Dickinson

Los libros son mi aliento, mi vida y mi futuro.

Fiódor Dostoievski

En los tiempos de La Fontaine los animales hablaban, hoy escriben.

Antonio Jogazzaro

Escribir es un ocio laborioso.

J. Wolfgang Goethe

La tinta más pobre de color vale más que la mejor memoria.

Proverbio chino

Lo que se escribe sin esfuerzo se lee, de ordinario, sin gusto.

Samuel Johnson

Un libro abierto es un cerebro que habla; cerrado, un amigo que espera; olvidado, un alma que perdona; destruido, un corazón que llora.

Proverbio hindú

A un poeta manso no se le puede llamar poeta.

Vladimir Maiakovski

Adquirir el hábito de la lectura es construirse un refugio contra casi todas las miserias de la vida.

William S. Maugham

"Dime lo que lees y te diré quién eres", eso es verdad, pero te conoceré mejor si me dices lo que relees.

François Mauriac

No seas retórico. Lee el código civil. Esto te librará de hacer frases.

André Maurois

Quien recita cosas ajenas y desea la fama, no debe comprar libros, sino mi silencio.

Marcial

Los libros llevaron a algunos a la sabiduría y a otros a la locura.

Francesco Petrarca

No fueron los libros los que me enseñaron que los trabajadores producían toda la riqueza del mundo, y que esta iba a parar a manos de quienes no la ganaban.

John Reed

Aunque soy hombre de letras, no deben suponer que no he intentado ganarme la vida honradamente.

George Bernard Shaw

El camino de la ignorancia está empedrado de buenas ediciones.

George Bernard Shaw

El escritor es un ingeniero del alma humana.

Iósiv Stalin

Por el grosor del polvo en los libros de una biblioteca pública puede medirse la cultura de un pueblo.

John Steinbeck

El hombre que escribe oscuro no puede hacerse ilusiones: o se engaña, o trata de engañar a los demás.

Stendhal

Persiguiendo a un escritor se aumenta su prestigio.

Tácito

Un libro que no justifica una segunda lectura, no merece la primera.

Carl Maria von Weber

Contratar a alguien para que escriba nuestra autobiografía es como pagar a alguien para que se bañe por nosotros.

Mae West

La literatura está llena de aromas.

Walt Whitman

Una carta es un soliloquio, pero una carta con posdata es ya una conversación.

Lin Yutang

LIGEREZA

Se debe ser ligero como el pájaro y no como la pluma.

Paul Valéry

LITERATURA

Interesaría saber si la literatura corrompe las costumbres o si, por el contrario, las costumbres son las que corrompen la literatura.

Alfred Capus

La literatura no modifica el orden establecido, pero sí a los hombres que lo establecen.

Ilia Ehrenburg

En literatura, como en genética, los cruzamientos son saludables.

André Maurois

La diferencia entre la literatura y el periodismo es que el periodismo es ilegible y la literatura no es leída.

Oscar Wilde

LOCURA

Todos nacemos locos. Algunos siguen siéndolo toda la vida.

Samuel Beckett

No hay loco de quien algo no pueda aprender el cuerdo.

Pedro Calderón de la Barca

Sé loco cuando la ocasión te lo reclame.

Catón

Loco es el hombre que ha perdido todo menos la razón.

Gilbert K. Chesterton

Hay hombres que se creen sabios cuando su locura dormita.

Denis Diderot

El loco se cree cuerdo, mientras el cuerdo reconoce que no es sino un loco.

William Shakespeare

Yo debo de ser un loco; en todo caso, si estoy cuerdo, los demás no deberían tampoco andar sueltos.

George Bernard Shaw

LÓGICA

Tomada en demasiada cantidad, la lógica, como el whisky, pierde su virtud benéfica.

Dunsany

LUCHA

La firme resolución
de tender sin cesar hacia la más alta existencia.

J. Wolfgang Goethe

Huiremos del reposo, huiremos del descanso
Nos adelantaremos al alba y a la primavera
Y prepararemos días y temporadas
A la medida de nuestros sueños.

Paul Eluard

Hombres..., velad.

Jules Jucik

El combate es el padre y rey de todo (...) Todo el devenir está determinado por la discordia.

Heráclito de Éfeso

Hay que seguir la lucha con lo que podamos hasta que podamos.

Benito Juárez

Si no ardo,
Si no ardes,
Si no ardemos,
¿de qué modo las tinieblas
se volverán claridad?

Nazim Hikmet

Luchar, fracasar, volver a luchar, fracasar de nuevo, volver otra vez a luchar, y así hasta la victoria: esta es la lógica del pueblo.

Mao Tse-tung

El batallar constante contra la opresión de la naturaleza, la sociedad y el pensamiento, lejos de representar un motivo de angustia o pesimismo, se convirtió en una cantera inagotable de gratas experiencias, de valiosos conocimientos y, en fin, en la razón de ser de la auténtica existencia y felicidad humanas.

Hernando Patiño

LUJO

La experiencia de los siglos prueba que el lujo anuncia la decadencia de los imperios.

Francis Bacon

El lujo arruina al rico y aumenta la miseria de los pobres.

Denis Diderot

Fácilmente se contraen hábitos de lujo y difícil se hace después prescindir de ellos, cuando se han convertido en necesidad.

Fiódor Dostoievski

El lujo no estimula al hombre a la virtud, antes sofoca todos los buenos sentimientos.

Federico II de Prusia

143

MADRE

La madre hace hogares, la hija los deshace.

Georges Feydeau

Madre holgazana cría hija cortesana.

Dicho

Madre pía, daño cría.

Refrán

Tan contenta va una gallina con un pollo, como otra con ocho.

Máxima

MALDAD

Cuando la piedra ha salido de la mano, pertenece al diablo.

Proverbio suizo

Del mal, el menos.

Fedro

La maldad no necesita razones, le basta con un pretexto.

J. Wolfgang Goethe

Nadie se hace malvado de repente.

Juvenal

Una mala causa empeora cuando se pretende defenderla.

Ovidio

144

Sólo el tiempo puede revelarnos al hombre justo; al perverso se le puede conocer en un solo día.

Sófocles

Tratar de obligar a un malvado es como intentar sembrar en el mar.

Teógenes

No cedas frente a los malvados, sino oponte a ellos ardientemente.

Virgilio

Todo mal viene con alas y huye cojeando.

Voltaire

Entre dos males, siempre escojo el que no he probado nunca.

Mae West

MAR

¡Tanta cantidad de agua raya en el ridículo!

Henri Monnier

MATEMÁTICAS

Traedme un buey y haré de él un matemático.

Jean Le Rond D'Alembert

No hay camino real en matemáticas.

Euclides

145

MATERIA

El movimiento es un modo de existencia que se deriva necesariamente de la esencia de la materia; que la materia se mueve gracias a su propia energía; que su movimiento procede de las fuerzas que la caracterizan.

Paul-Henri D'Holbach

La materia actúa por sus propias fuerzas y no tiene necesidad de ningún impulso exterior para ser puesta en movimiento.

Paul-Henri D'Holbach

La eternidad del mundo no es más incómoda que la eternidad de un espíritu.

Denis Diderot

La prueba de que el pudín existe está en que uno lo come.

Friedrich Engels

Materia sin movimiento es tan inconcebible como movimiento sin materia.

Friedrich Engels

Ningún ser puede abismarse en la nada
Y en todos la eternidad prosigue su movimiento.

J. Wolfgang Goethe

Mi alma es el reflejo del mundo circundante.
Sin él, ella no existe, y no maduraría otro reflejo.

Nazim Hikmet

El reconocimiento de las leyes objetivas del desarrollo de la naturaleza y el reflejo de las mismas en el cerebro del hombre, es materialismo.

Vladimir I. Lenin

Por lo común, sólo es posible llegar a un conocimiento correcto después de muchas repeticiones del proceso que conduce de la materia a la conciencia y de la conciencia a la materia.

Mao Tse-tung

Es la materia la que gobierna al espíritu, no al contrario; y nada está estático sino que todo circula y se modifica permanentemente.

Francisco Mosquera

No es la conciencia del hombre lo que determina su ser, sino, por el contrario, el ser social es lo que determina su conciencia.

Karl Marx

Pues tan estrechamente restringe el temor a todos los
/mortales;
Ellos contemplan tantos fenómenos en el cielo y en la
/tierra
Cuyas verdaderas causas no saben explicarse
Creyendo así que son la obra de un poder divino.

Titus Lucretius Carus

MÁXIMAS

Los más antiguos pensadores consignaban en aforismos las verdades que extraían de la observación y los atesoraban para la vida práctica.

Francis Bacon

Una mala sentencia causa más daños que una multitud de malos ejemplos. Estos corrompen sólo el agua del arroyo, pero aquella corrompe el mismo manantial.

Francis Bacon

El refrán que no viene a propósito, antes es disparate que sentencia.

Miguel de Cervantes

Odio las citas; dime lo que sabes.

Ralph W. Emerson

Una colección de anécdotas y máximas es el mayor tesoro para el hombre de mundo que acierta a intercalar las primeras en su lugar debido, y a recordar las segundas en el caso oportuno.

J. Wolfgang Goethe

Hay palabras y máximas con las que puedes aliviar tu dolor presente y aligerar gran parte del mal.

Horacio

Todas las buenas máximas están en el mundo; sólo hace falta aplicarlas.

Blaise Pascal

La sabiduría de los pueblos reside en sus proverbios, dotados de brevedad y sustancia.

William Penn

Un proverbio, venido a propósito, es siempre muy fácil de entender.

Plauto

Odiemos las máximas: la vida es ondulación y contradicción, no síntesis.

Stendhal

Un proverbio no es una razón.

Voltaire

MÉDICO

El médico cura la enfermedad y mata al enfermo.

Francis Bacon

El médico que cuida al enfermo, ¿no cuida, también, un poco la enfermedad?

Adolphe d'Houdetot

Si a los treinta años todavía tiene usted el apéndice y las amígdalas, lo más probable es que usted sea el médico.

Anónimo

El cielo cura y el médico cobra los honorarios.

Benjamin Franklin

No son médicos lo que nos falta; es medicina.

Charles Montesquieu

Los médicos no están para curar, sino para recetar y cobrar; curarse o no es cuenta del enfermo.

Molière

La medicina sólo puede curar las enfermedades curables.

Proverbio chino

149

MEDIOCRIDAD

¡Emancípese usted de la vida mediocre!

Pío Baroja

Mediocre y trepador, y se llega a todo.

Pierre A. Beaumarchais

Muchos mediocres triunfan. La mediocridad tranquiliza.

Auguste Detoeuf

Una de las mayores pruebas de mediocridad es no saber reconocer la superioridad de los demás.

Jean-Baptiste Say

MEMORIA

La memoria es la cartera de la vejez. Es necesario llenarla.

Apolonio

Existen en nosotros varias memorias. El cuerpo y el espíritu tienen cada uno la suya.

Honoré de Balzac

La vida de los muertos está en la memoria de los vivos.

Cicerón

Donde se pierde el interés también se pierde la memoria.

J. Wolfgang Goethe

Poder disfrutar de los recuerdos de la vida es vivir dos veces.

Marcial

El embustero ha de poseer buena memoria.

Quintiliano

La memoria es el único paraíso del que no podemos ser expulsados.

Jean Paul Richter

La memoria es la centinela del cerebro.

William Shakespeare

Mi memoria es magnífica para olvidar.

Robert L. Stevenson

Sólo publican memorias aquellas personas que ya han perdido totalmente la memoria.

Oscar Wilde

MENTE

La razón acabará por tener razón.

Jean Le Rond D'Alembert

El origen de la inteligencia de los hombres reside en sus manos.

Anaxágoras

Quien no quiere pensar es un fanático; quien no puede pensar, es un idiota; quien no osa pensar, es un cobarde.

Francis Bacon

El hombre más inteligente en su terreno puede ser el más tonto en otros.

Albert Camus

Nuestro cerebro es el mejor juguete que se ha creado. En él están todos los secretos, incluso el de la felicidad.

Charles Chaplin

Es de necios decir: pensaba...

Cicerón

La verdadera inteligencia consiste en descubrir la inteligencia ajena.

René Descartes

Pienso, luego existo.

René Descartes

El cerebro es un órgano maravilloso: empieza a trabajar cuando usted se levanta y no lo deja hasta que usted entra en la oficina.

Robert Frost

Antes pensarlo, después lanzarse.

J. Wolfgang Goethe

La inteligencia y el sentido común se abren paso con pocos artificios.

J. Wolfgang Goethe

Creer en el sentido común es la primera falta de sentido común.

Eugene O'Neill

El pensamiento no es más que un relámpago entre dos noches, pero este relámpago es todo.

Henri Poincaré

La ironía y la inteligencia son hermanas de sangre.

Jean Paul Richter

El capital no está solamente en el trabajo manual; la inteligencia es un capital y el celo también.

August Strindberg

El sentido común no es nada común.

Voltaire

MENTIRA

Si me engañas una vez, tuya es la culpa. Si me engañas dos, la culpa es mía.

Anaxágoras

Calumniad con audacia: algo siempre quedará.

Francis Bacon

Cualquier imbécil puede decir la verdad. Para mentir bien se necesitan cualidades.

Samuel Butler

La mayor parte de los hombres, falseando la verdad, prefieren parecer a ser.

Esquilo

Engañar a un hombre no es nada, pero la mujer que logra engañar a otra mujer, en verdad que debe poseer excelentes disposiciones.

John Gay

El mal de la calumnia es semejante a la mancha de aceite: deja siempre huellas.

Napoleón Bonaparte

153

Sé casto como el hielo y puro como la nieve, y no escaparás jamás de la calumnia.

William Shakespeare

Un cínico es un hombre que sabe el precio de todas las cosas e ignora aún el valor de una sola.

Oscar Wilde

MÉRITO

El mérito se esconde por miedo a no ser reconocido.

Charles Lemesle

A mal Cristo mucha sangre.

Máxima

A más servir, menos valer.

Refrán

Sólo los méritos pequeños son partidarios de la mentira, que los favorece.

Stendhal

El precio de las cosas depende de su mérito, jamás de su epíteto.

William Shakespeare

MIEDO

No hay que tener miedo de la pobreza, ni del destierro, ni de la cárcel, ni de la muerte: de lo que hay que tener miedo es del propio miedo.

Epicteto

Quien nada arriesga, nada teme.

Geoffrey Chaucer

No se confíe al mar quien tema al viento.

Pietro Metastasio

El que teme padecer padece ya lo que teme.

Michel de Montaigne

El efecto liberador del conocimiento, en síntesis, se basa en la derrota del miedo a lo desconocido.

Hernando Patiño

La corneja asustada, una mata teme.

Refrán ruso

No merece gustar la miel quien se aparta de la colmena porque las abejas tienen aguijón.

William Shakespeare

Para quien tiene miedo, todos son ruidos.

William Shakespeare

Nada es tanto de temer como el temor.

Henry D. Thoreau

MISÓGINO

Hombre que ha amado demasiado a las mujeres y no se lo perdona en absoluto.

Georges Armand Masson

MODELO

Bien predica quien bien vive.

Miguel de Cervantes

Lo que no se parece a nada no existe.

Paul Valéry

En general, los hombres son como los perros que ladran cuando oyen ladrar lejos a otros.

Voltaire

Los ejemplos corrigen mejor que las reprimendas.

Voltaire

MONO

El mono imita al hombre: por esto dice que hace muecas.

Emile Pontich

MORAL

Los moralistas son personas que se rascan allí donde a otros les pica.

Samuel Beckett

Mi conciencia tiene para mí más peso que la opinión de todo el mundo.

Cicerón

Todo está perdido cuando los malos sirven de ejemplo y los buenos de mofa.

Demócrates

La moral que no tiene por objeto la felicidad es una palabra vacía de sentido.

Ludwig Feuerbach

La moral es la impotencia en acción. Tan pronto como se pone a combatir un vicio, fracasa.

Marx y Engels

La moral es a menudo el pasaporte de la maledicencia.

Napoleón Bonaparte

Tan pronto como uno es infeliz se hace moral.

Marcel Proust

La conciencia vale por mil testigos.

Quintiliano

Una buena conciencia vale mil espadas.

William Shakespeare

Vivir en contradicción con la razón propia es el estado moral más intolerable.

León Tolstoi

MUERTE

No es que tenga miedo de morir. Lo que no quiero es estar allí cuando ocurra.

Woody Allen

Todos estamos en fila delante de la parca. Felizmente no sabemos en qué lugar de la fila.

Ernest B. Black

Más tarde o más temprano ha de salir la suerte que os embarcará rumbo al eterno exilio.

Horacio

El sol puede morir y volver a nacer; pero nosotros una vez apagada nuestra breve claridad, hemos de dormir una sola y eterna noche.

Catulo

Nada es más fácil que censurar a los muertos.

Julio César

El hombre teme la muerte porque ama la vida.

Fiódor Dostoievski

El hombre nace sin dientes, sin cabello y sin ilusiones, y muere lo mismo: sin dientes, sin cabello y sin ilusiones.

Alejandro Dumas

Yo no quiero morir, pero después de muerto, ¿qué puede importarme?

Epicarmo

Muchos tragos es la vida y un solo trago es la muerte.

Miguel Hernández

Hay que llegar al final desnudo como los hijos de la mar.

Antonio Machado

En esta vida es fácil morir. Construir la vida es mucho más difícil.

Vladimir Maiakovski

La muerte no es una cosa tan grave; el dolor, sí.

André Malraux

No se necesitan nueve meses, se necesitan cincuenta años para hacer un hombre, cincuenta años de sacrificio, de voluntad, de... ¡tantas cosas! Y cuando ese hombre está hecho, cuando ya no queda en él nada de la infancia ni de la adolescencia, cuando verdaderamente es un hombre, no sirve nada más que para morir.

André Malraux

Más triste que la muerte es la manera de morir.

Marcial

Aquel a quien aman los dioses muere joven.

Menandro

¿Morir yo, querido doctor? ¡Será la última cosa que haga!

Palmerston

El que muere paga todas sus deudas.

William Shakespeare

Ese país desconocido del que no vuelve ningún viajero...

William Shakespeare

Salve, emperador, los que van a morir te saludan.

Suetonio

Me voy acercando lentamente a ese momento en el que los filósofos y los imbéciles tienen el mismo destino.

Voltaire

159

MUJER

Sin mujer al lado no puede el hombre ser en verdad perfecto.

Ariosto

No es posible vivir con estas malditas mujeres, pero tampoco sin ellas.

Aristófanes

La mujer es el hombre imperfecto.

Averroes

La mujer virtuosa tiene en el corazón una fibra menos o más que las demás mujeres: es estúpida o es sublime.

Honoré de Balzac

Lo que dice la mujer al ansioso amante hay que escribirlo en el viento y en el agua que huye.

Catulo

¡Brindo por las mujeres! ¡Quién pudiera caer en sus brazos sin caer en sus manos!

Ambrose Bierce

Los bandidos te piden la bolsa o la vida; las mujeres exigen ambas.

Samuel Lutler

No hables mal de las mujeres: la más humilde te digo que es digna de estimación, porque al fin, de ellas nacimos.

Pedro Calderón de la Barca

Nunca me enfado por lo que las señoras me piden, sino por lo que me niegan.

Antonio Cánovas del Castillo

Tres cosas solas hay en el mundo que la mujer no comprenderá nunca: libertad, igualdad y fraternidad.

Gilbert K. Chesterton

No existe algo peor que una mala mujer; pero tampoco se ha producido nada mejor que una buena.

Eurípides

El mejor contraveneno de las mujeres son las mujeres mismas; no cabe duda de que eso viene a ser lo mismo que exorcizar a Satanás con Belcebú, y, en tal caso, el remedio muchas veces es peor que la enfermedad.

Heinrich Heine

¡Ah, las mujeres! Debemos perdonarles mucho porque han amado mucho. Su odio no es en el fondo más que un amor que ha mudado de traje.

Heinrich Heine

La más tonta de las mujeres puede manejar a un hombre inteligente, pero será necesario que una mujer sea muy hábil para manejar a un imbécil.

Rudyard Kipling

Cualquiera que conozca algo de historia sabe que los grandes cambios sociales son imposibles sin el fermento femenino. El progreso social puede medirse exactamente por la posición social del sexo débil (incluidas las feas).

Karl Marx

La mujer exige del hombre ciertas atenciones, y una de las atenciones que exige es que, llegado el caso, se le pierda el respeto.

André Maurois

Lo primero que hace una mujer cuando quiere que un hombre la alcance es echar a correr.

Molière

Las batallas que contra las mujeres se ganan son las únicas que se ganan huyendo.

Napoleón Bonaparte

En el mejor de los casos, la mujer es algo contradictorio.

Alexander Pope

Si agrada a uno, una mujer ya tiene los adornos que necesita.

Propercio

La única forma de que nos sigan las mujeres es caminar delante de ellas.

Francisco de Quevedo

La mujer es un manjar digno de los dioses cuando no lo guisa el diablo.

William Shakespeare

Una mujer es capaz de amar y, en un año entero, no decir más que diez palabras al hombre a quien prefiere.

Stendhal

Hay dos tipos de mujeres: las feas y las que se pintan.

Oscar Wilde

Nunca ha de fiarse uno de la mujer que le diga su verdadera edad. Una mujer capaz de decir esto, es capaz de decirlo todo.

Oscar Wilde

Todos los trajes de las mujeres son solamente una transacción entre el deseo manifiesto de vestirse y el deseo encubierto de desnudarse.

Lin Yutang

A mujer brava, soga larga.

Proverbio español

MUNDO

La belleza y la elegancia del mundo físico me inspiran reverencia.

Demócrito

Los mundos nuevos deben ser vividos antes de ser explicados.

Alejo Carpentier

Lo más incomprensible del mundo es que sea comprensible.

Albert Einstein

Hay otros mundos, pero están en este.

Paul Eluard

En la lucha entre uno y el mundo, hay que estar de parte del mundo.

Franz Kafka

Nuestro planeta es muy frágil, hay que tratarlo con cariño.

Carl Sagan

Hambre y amor mantienen cohesionada la fábrica del mundo.

Friedrich von Schiller

Para millones y millones de seres humanos el verdadero infierno es la tierra.

Arthur Schopenhauer

El mundo debe tener algo menos de prisión y algo más de circo.

George Bernard Shaw

Este mundo es una guerra en la que vence el que se ríe de los otros.

Voltaire

La tierra es un teatro, pero la obra tiene un reparto deplorable.

Oscar Wilde

NATURALEZA

Sólo podemos dominar a la naturaleza si la obedecemos.

Francis Bacon

Donde no está el hombre, la naturaleza es un desierto.

William Blake

El universo es infinito y eterno, sus mundos desaparecen y sus sustancias forman nuevas combinaciones.

Giordano Bruno

Un árbol es un vecino muy peligroso en una tormenta.

Charles Dickens

Cuando nos preguntan, ¿de dónde ha recibido la naturaleza su movimiento? Nosotros contestamos que de ella misma, puesto que ella es un todo único grandioso, fuera del cual nada puede existir.

Paul-Henri D'Holbach

Un paisaje se conquista con las suelas del zapato, no con las ruedas del automóvil.

William Faulkner

No puede encontrarse bajo el firmamento ni un solo ser, animal o criatura, que no tenga su contrario. Es una ley de la naturaleza.

Jean de La Fontaine

Todo el enigma del trópico puede reducirse a una guayaba podrida.

Gabriel García Márquez

El viento endereza el árbol después de haberlo inclinado.

Charles de Gaulle

La naturaleza está siempre en acción y maldice toda negligencia.

J. Wolfgang Goethe

La naturaleza y el arte parecen rehuirse, pero se encuentran antes de lo que se cree.

J. Wolfgang Goethe

El que ha nacido para reptar no podría volar.

Máximo Gorki

Sólo la naturaleza hace grandes obras sin esperar recompensa alguna.

Alexander J. Herzen

La tierra es madre y tumba de la vida, es el útero y su sepultura.

Chin Jua

Jamás dice la naturaleza una cosa y otra la sabiduría.

Juvenal

La naturaleza no construye máquinas, locomotoras, ferrocarriles, telégrafos eléctricos, etc. Todos ellos son productos de la actividad humana; son materiales naturales transformados en órganos de poder de la voluntad humana sobre la naturaleza o en órganos ejecutivos de dicha voluntad en la naturaleza. Son órganos del cerebro humano creados por la mano del hombre; es la fuerza materializada del saber.

Karl Marx

Hay que elaborar los dones de nuestra naturaleza con sus propios medios científicamente elaborados.

Dmitri J. Mendeléiev

En la naturaleza, las cosas cambian y se influencian mutuamente, alternándose los papeles en el curso de su desenvolvimiento.

Francisco Mosquera

Podrán cortar todas las flores, pero no podrán detener la primavera.

Pablo Neruda

La espina al nacer lleva ya la punta delante.

Ovidio

No hay sol para los ciegos, ni tormenta para los sordos.

Proverbio chino

No existe un modelo más gráfico de la dialéctica de la naturaleza que la selva tropical.

P. White

El que siembra un campo, cultiva una flor o planta un árbol es superior a los demás.

John G. Whittier

NECEDAD

Conviene ceder el paso a los tontos y a los toros.

Adagio español

La gente huye del cólera, y sin embargo no se aparta del alcohol, que es una plaga que produce muchísimo más daño.

Honoré de Balzac

La estupidez insiste siempre.

Albert Camus

La tontería es infinitamente más fascinante que la inteligencia. La inteligencia tiene sus límites, la tontería no.

Claude Chabrol

Prefiero los malvados a los imbéciles, porque aquellos, al menos, dejan algún respiro.

Alejandro Dumas, hijo

Era tonto, pero era políglota, con lo cual decía sandeces en varias lenguas.

Wenceslao Fernández Flórez

La estupidez es una roca inexpugnable: todo lo que da contra ella se despedaza.

Gustave Flaubert

El que en su propia vida fue necio, jamás fue sabio.

Heinrich Heine

A tu prudencia añádele un poco de idiotez: en algunos momentos es mejor hacerse el idiota.

Horacio

Todo necio confunde valor y precio.

Antonio Machado

Si no existieran los imbéciles, ¿qué nos quedaría?

François Mauriac

Nadie está libre de decir estupideces. Lo grave es decirlas con énfasis.

Michel de Montaigne

Ser necio de nacimiento es una enfermedad incurable.

Antoine de Saint-Exupéry

Los perros no molestan hasta que ladran y los necios hasta que hablan.

George Bernard Shaw

La primera ley natural debería ser esta: perdonarnos mutuamente nuestras tonterías.

Voltaire

NECESIDAD

Hablaréis de amor cuando él haya comido.

Guillaume Apollinaire

La ley de la necesidad hace elocuente.

Honoré de Balzac

La necesidad, según se dice, es maestra en utilizar el ingenio.

Miguel de Cervantes

El hombre sólo necesita un pedazo de tierra. No el hombre, el cadáver. El hombre necesita la tierra entera.

Antón Chéjov

París tiene frío, París tiene hambre
París ya no come castañas en la calle.

Paul Eluard

La necesidad es un mal, pero ninguna necesidad hay de vivir en la necesidad.

Epicuro

La fuerza de la necesidad es irresistible.

Esquilo

La necesidad es un doctor en estrategia.

Jean de La Fontaine

La necesidad es la mejor consejera.

J. Wolfgang Goethe

A gran necesidad, gran diligencia.

Ramón Llull

La necesidad y la angustia almuerzan juntas todos los días.

Anónimo

Lo superfluo, cosa muy necesaria.

Voltaire

NÚMERO

No se puede alimentar el hambre con estadísticas.

David Lloyd George

La estadística es la primera de las ciencias inexactas.

Edmond de Goncourt

Si yo me he comido un pollo y usted no ha comido ningún pollo, hemos comido, por término medio, medio pollo cada uno.

Pitigrilli

La estadística es una ciencia que demuestra que si mi vecino tiene dos automóviles y yo ninguno, los dos tenemos un automóvil.

George Bernard Shaw

Hay tres clases de mentiras: las mentiras, las malditas mentiras y las estadísticas.

Mark Twain

OBSERVACIÓN

No todos los ojos cerrados duermen, ni todos los ojos abiertos ven.

Bill Cosby

Lo importante se halla en la mirada, no en la cosa mirada.

André Gide

Son los ojos testigos mucho más exactos que los oídos.

Heráclito

Quien todo lo ve, todo lo observa.

Charles Montesquieu

Lo esencial es invisible a los ojos.

Antoine de Saint-Exupéry

El amor nace, vive y muere en los ojos.

William Shakespeare

OCIO

Seamos perezosos en todas las cosas, excepto en amar y beber, excepto en ser perezosos.

Gotthold E. Lessing

Hablan de la dignidad del trabajo. ¡Bah! La dignidad está en el ocio.

Hermann Melville

Nunca es tarde para hacer nada.

Jacques Prévert

Ser capaz de ocupar inteligentemente los ocios es el último producto de la civilización.

Bertrand Russell

OCIOSIDAD

La ociosidad, antes que a ti, ha perdido a reyes y a ciudades florecientes.

Catulo

El descanso prolongado suministra alimentos a los vicios.

Pseudocatón

Mano sobre mano, como mujer de escribano.

Máxima

Muchos males engendra la ociosidad.

Refrán

El camino del perezoso es como seta de espinas, mas el sendero de los diligentes es expedito.

Biblia, Proverbios

ODIO

El odio es la furia de los débiles.

Alphonse Daudet

El que ha amado con pasión, aborrece con furor.

François Fénelon

Las antipatías violentas son siempre sospechosas y revelan una secreta afinidad.

William Hazlitt

No desprecies a nadie: un átomo hace sombra.

Pitágoras

Las heridas que te causa quien te quiere son preferibles a los besos engañadores de quien te odia.

Salomón

Si las masas pueden amar sin saber por qué, también pueden odiar sin mayor fundamento.

William Shakespeare

Intenta no ocupar tu vida en odiar y tener miedo.

Stendhal

OFENSA

No estamos obligados a castigar a los que nos ofenden, sino a aconsejarles la enmienda de sus delitos.

Miguel de Cervantes

Sentir que se ríe de nosotros algo al mismo tiempo inferior y más fuerte que uno es espantoso.

Gilbert K. Chesterton

Porque es doble placer burlar al burlador.

Jean de la Fontaine

Quien me insulta siempre, no me ofende jamás.

Víctor Hugo

Un insulto tragado pronto produce otro.

Thomas Jefferson

Si eres dado en decir injurias, también las escucharás.

Plauto

Que se nos haga un agravio no significa nada, a menos que insistamos en recordarlo.

Benjamin Franklin

Irritarse por una injuria es casi reconocer que se merece; al despreciarla queda sin valor.

Tácito

La ironía es un insulto lanzado bajo la forma de un cumplido.

Edwin P. Whipple

OFICIO

No hay oficio estúpido, está claro... pero hay los que se dejan a los demás.

Miguel Zamacois

Quien tiene arte, va por toda parte.

Máxima antigua

Hombre que desempeñe siete oficios, acumula catorce necesidades.

Proverbio chino

OLVIDO

Hay un hombre que no olvida: el olvidado.

Anónimo

Un instante más y habrás olvidado todo; otro, y todos te habrán olvidado.

Marco Aurelio

Es con frecuencia muy sabio olvidar lo que se sabe.

Publio Siro

El olvido es el verdadero sudario de los muertos.

George Sand

Lo que está olvidado no se lamenta.

John Haywood

Nunca se perdona bastante, pero se olvida demasiado.

Madame de Swetchine

OPINIÓN

Un ecléctico es un navío que querría navegar a los cuatro vientos.

Charles Baudelaire

Cuando surge, toda nueva opinión está en minoría de uno.

Thomas Carlyle

Hay quien cree contradecirnos cuando no hace más que repetir su opinión sin atender a la nuestra.

J. Wolfgang Goethe

Un individuo ignorante no sostiene opiniones, sino que las opiniones le sostienen a él.

Alexander Pope

Los hechos son tozudos.

Vladimir I. Lenin

Los comentarios son libres, pero los hechos son sagrados.

Charles P. Scott

OPORTUNIDAD

Un sabio se creará más ocasiones que las que encuentre.

Francis Bacon

Dejemos primero que los cañones enemigos hundan sus ruedas en el barro.

Karl von Clausewitz

Guárdate de la ocasión y Dios te guardará del pecado.

Benjamin Franklin

El que sabe aprovechar la ocasión, ese es el hombre oportuno.

J. Wolfgang Goethe

La ocasión es como el hierro: se ha de machacar caliente.

José Hernández

OPRESIÓN

Adular para reinar es la práctica de los cortesanos de todos los absolutismos y de los bufones de todos los tiranos.

Henri-Frédéric Amiel

Mejores o peores, era lo mismo: la bota que nos pisa es siempre una bota.

Bertolt Brecht

¿Quieres dejar de pertenecer al número de los esclavos? Rompe tus cadenas y desecha de ti todo temor y todo despecho.

Epicteto

El requesón pisoteado, lejos de endurecerse, se desparrama.

J. Wolfgang Goethe

Quien al vulgo le exige deberes sin avenirse a concederle derechos lo habrá de pagar caro.

J. Wolfgang Goethe

Nadie puede amar sus cadenas, aunque sean de oro puro.

John Heywood

Esto quiero y así lo mando, valga por razón mi voluntad.

Juvenal

La censura perdona a los cuervos y enseña a las palomas.

Juvenal

Nadie se nos montará encima si no doblamos la espalda.

Martin Luther King

Los tiranos perecen por la debilidad de las leyes que ellos mismos han debilitado.

Louis Antoine Saint-Just

El norteamericano blanco relega al negro a la condición de limpiabotas y deduce de ello que sólo sirve para limpiar botas.

George Bernard Shaw

Un pueblo que pierde la fuerza necesaria para sacudirse el yugo acaba por venerarlo.

José Vasconcelos

Es mejor morir de pie que vivir de rodillas.

Emiliano Zapata

OPTIMISMO

Un optimista ve una oportunidad en toda calamidad; un pesimista ve una calamidad en toda oportunidad.

Winston Churchill

No porque hoy vayan mal las cosas sucederá así siempre.

Horacio

Un optimista es un fulano que cree que lo que va a pasar tardará en pasar.

Elbert Hubbard

ORADOR

El orador más dotado es el que puede decir el mínimo de cosas con el máximo de palabras.

Samuel Butler

ORGULLO

Los cántaros, cuanto más vacíos, más ruido hacen.

Alfonso X el Sabio

El mal de nuestro tiempo es la superioridad. Hay más santos que hornacinas.

Honoré de Balzac

Las coquetas son como los cazadores que se ufanan en cazar, pero que no comen la presa.

Honoré de Balzac

Era como un gallo que creía que el sol había salido para oírle cantar.

George Eliot

Dos cosas hay que quitarles a los hombres: la vanidad y la desconfianza.

Epicteto

El que todo lo juzga fácil, encontrará muchas dificul-tades.

Lao-Tse

¿Para qué la pompa y la vanidad? Desnudo nací, desnudo moriré.

Paladio

La belleza de una mujer fatua es como sortija de oro en el hocico de un cerdo.

Salomón

Nada es tan bajo y vil como ser altivo con el humilde.

Séneca

Vale más morir de inanición que implorar una recompensa que se tiene ya merecida.

William Shakespeare

Los castigos son para los petulantes, los azotes para la espalda de los necios.

Biblia

La más segura cura para la vanidad es la soledad.

Thomas C. Wolfe

ORIGEN

Conforme hayas sembrado, así recogerás.

Cicerón

Ninguna invención es perfecta al nacer.

Cicerón

Oculta el bien que haces; imita al Nilo que oculta su fuente.

Proverbio egipcio

El que ha comenzado bien, está a la mitad de la obra.

Horacio

Una sola chispa puede incendiar toda la pradera.

Mao Tse-tung

No crecen los ríos con aguas cristalinas.

Francisco Mosquera

El principio es la mitad del todo.

Pitágoras

Más vale la cizaña de tu país que el trigo del extranjero.

Proverbio árabe

Para conseguir una llama grande hemos de comenzar por prenderla con pequeñas pajitas.

William Shakespeare

Toda nube no engendra una tempestad.

William Shakespeare

Comenzar bien no es poco; pero tampoco es mucho.

Sócrates

Donde hubo fuego queda rescoldo.

Virgilio

ORIGINALIDAD

La originalidad consiste en no ser original, sin poder lograrlo.

Jean Cocteau

La originalidad no consiste en decir cosas nuevas, sino en decirlas como si nunca hubiesen sido dichas por otro.

J. Wolfgang Goethe

Nadie llegó a ser grande imitando.

Samuel Johnson

181

Todos nacemos originales y morimos copias.

Carl G. Jung

Nada es más más nuevo que un baile antiguo.

Proverbio inglés

Todo lo nuevo es lo viejo bien olvidado.

Refrán antiguo

Ya no se puede decir nada que no haya sido dicho antes de nosotros.

Terencio

PACIENCIA

Los males que no tienen fuerza para acabar la vida, no la han de tener para acabar la paciencia.

Miguel de Cervantes

La paciencia y el tiempo hacen más que la fuerza y la violencia.

Jean de La Fontaine

Tened paciencia y tendréis ciencia.

Baltasar Gracián

La paciencia es una flor que no florece en todos los jardines.

John Heywood

Lo que no se puede evitar hay que llevarlo con paciencia.

Horacio

La paciencia es la fortaleza del débil, y la impaciencia, la debilidad del fuerte.

Immanuel Kant

La paciencia es una forma de la decisión de ganar.

Luu Quy Ky

La paciencia tiene más poder que la fuerza.

Plutarco

PAGAR

Un abogado bien pagado por adelantado encuentra más justa la causa que defiende.

Blaise Pascal

Paga adelantada, paga viciosa.

Refrán

El buen pagador es señor de lo ajeno.

Máxima antigua

Al freír es el reír, al pagar será el llorar.

Proverbio

Quien come la vaca del rey, a cien años paga los huesos.

Proverbio antiguo

PAÍS

Morir por la patria no es una triste suerte, es inmortalizarse con la mejor muerte.

Pierre Corneille

Puedes arrancar al hombre de su país, pero no puedes arrancar el país del corazón del hombre.

John Dos Passos

Dondequiera que se está bien, allí está la patria.

Cicerón

Cuando sea posible hablar de libertad, el Estado como tal dejará de existir.

Friedrich Engels

Nada hay tan dulce como la patria y los padres propios, aunque uno tenga en tierra extraña, lejos de los suyos, una casa opulenta.

Homero

Las grandes naciones siempre han actuado como gángsters, y las naciones pequeñas como prostitutas.

Stanley Kubrick

La nación es más fuerte por la unidad de sus hijos y los miembros de la familia que por su poderío militar.

Abraham Lincoln

Siempre ha sido igual. En los trances duros, los señoritos invocan la patria y la venden. El pueblo no la nombra siquiera, pero la compra con su sangre.

Antonio Machado

Hay que volar a todos los vientos de todos los mares, pero hay que procrear en un nido.

Eugenio d'Ors

Un Estado donde queden impunes la insolencia y la libertad de hacerlo todo, termina por hundirse en el abismo.

Sófocles

El Estado llama ley a su propia violencia y crimen al del individuo.

Max Stirner

Durante treinta años bajo los Borgia en Italia hubo guerras, terror, asesinatos, masacres. E Italia produjo a Miguel Ángel, a Leonardo da Vinci y el Renacimiento. Los suizos han tenido amor fraterno, quinientos años de democracia y paz y ¿qué es lo que han producido? El reloj de cuco.

Orson Welles

PAREJA

El matrimonio debe combatir sin tregua un monstruo que todo lo devora: la costumbre.

Honoré de Balzac

En un marido no hay más que un hombre; en una mujer casada hay un hombre, un padre, una madre y una mujer.

Honoré de Balzac

El matrimonio es el resultado del amor, como el vinagre del vino.

George Gordon Byron

La música en una boda me hace siempre pensar en la que acompaña a los soldados que van a la guerra.

Thomas Carlyle

Un flirteo es como una pastilla; nadie puede predecir exactamente sus efectos secundarios.

Catherine Deneuve

La cadena del matrimonio pesa tanto que es preciso sean dos para llevarla y, a veces, tres.

Alejandro Dumas, hijo

Ten tus ojos muy abiertos antes del matrimonio, y medio cerrados después de él.

Benjamin Franklin

Compórtate con tu mujer como te comportarías, si ella te gustara, con la de otro.

Jean Giraudoux

El hombre se distingue de los demás animales por ser el único que maltrata a su hembra.

Jack London

No es la política la que crea extraños compañeros de cama, sino el matrimonio.

Groucho Marx

Un matrimonio feliz es una larga conversación que parece siempre demasiado breve.

André Maurois

En la elección de esposa, como en un plan guerrero, equivocarse una sola vez significa la derrota irreparable.

Thomas Middleton

El amor es un juego; el matrimonio, un negocio.

Alberto Moravia

Un buen matrimonio sería aquel en que se olvidase, durante el día, ser amantes, y por la noche, ser esposos.

Jean Rostand

Todos deben casarse; no es lícito sustraerse egoístamente a una calamidad general.

Moises Saphir

El objeto del matrimonio es servir a la sociedad, procurar felicidad a la familia, ser un contexto para la ayuda mutua, el sostén, el estudio, el trabajo. Si estas condiciones no existen, no puede haber felicidad alguna.

Sentencia vietnamita

Cuando afirmé que moriría soltero es que no pensaba vivir hasta que me casara.

William Shakespeare

La mujer ligera hace pesado al marido.

William Shakespeare

La vida conyugal es una barca que lleva dos personas en medio de un mar tormentoso; si uno de los dos hace algún movimiento brusco, la barca se hundirá.

León Tolstoi

¿Por qué nos alegramos en las bodas y lloramos en los funerales? Porque no somos la persona involucrada.

Mark Twain

Se debería estar siempre enamorado. Por esta razón uno no deberá casarse nunca.

Oscar Wilde

PARENTESCO

Un pariente pobre es siempre un pariente lejano.

Adolphe d'Houdetot

Entre padres y hermanos no metas las manos.

Máxima

Mi padre se llama hogaza y yo me muero de hambre.

Refrán

El hueso y la carne duélense de su sangre.

Refrán

PASIÓN

Las pasiones tienen causas y no principios.

Antístenes

No se puede contemplar sin pasión. Quien contempla desapasionadamente, no contempla.

Jorge Luis Borges

Sometan sus apetitos, amigos míos, y habrán conquistado la naturaleza humana.

Charles Dickens

Las pasiones son virtudes o defectos exagerados.

J. Wolfgang Goethe

El hombre se enciende como hierba seca.

Johann Hölderlin

188

Con las pasiones uno no se aburre jamás; sin ellas, se idiotiza.

Stendhal

Las pasiones son los vientos que inflan las velas del navío. Algunas veces le hace hundirse, pero sin ellas no podría navegar.

Voltaire

Un capricho se diferencia de una gran pasión en que el capricho dura toda la vida.

Oscar Wilde

Las pasiones reprimidas, como otros elementos naturales, suelen hacer erupción en el punto menos esperado.

Stefan Zweig

PATRIA

La patria es valor y sacrificio.

Pedro Albizu Campos

No venderé el rico patrimonio de los orientales al bajo precio de la necesidad.

José Artigas

Es indispensable salvar la personería propia de nuestras repúblicas, pues si no se logra... se dispondrá de nosotros como de mercados africanos.

Hipólito Irigoyen

Un país no puede ser exclusivamente mercado, sin degradarse en la poltronería cartaginesa.

Leopoldo Lugones

PAZ

Que el hacer paces también suelen ser triunfos de guerra.

Pedro Calderón de la Barca

La afirmación de que los mansos poseerán la tierra está muy lejos de ser una afirmación mansa.

Gilbert K. Chesterton

Si queremos gozar la paz, debemos velar bien las armas; si deponemos las armas no tendremos jamás paz.

Cicerón

Si quieres hacer la paz, no hables con tus amigos; habla con tus enemigos.

Moshé Dayán

Nunca por amor a la paz y a la tranquilidad repudies tu propia experiencia o tus convicciones.

Dag Hammarskjöld

El respeto al derecho ajeno es la paz.

Benito Juárez

Es mejor y más segura una paz cierta que un victoria esperada.

Tito Livio

La paz tiene sus victorias, no menos renombradas que las de la guerra.

John Milton

La paz obtenida con la punta de la espada no es más que una tregua.

Pierre Joseph Proudhon

Allí donde el agua alcanza su mayor profundidad, se mantiene más en calma.

William Shakespeare

Sí, la tranquilidad es una cosa buena, pero de la misma familia que el tedio.

Voltaire

Hay que defender la paz a todo trance, incluso con la guerra.

Thomas W. Wilson

PELIGRO

Cuando el peligro parece ligero, deja de ser ligero.

Francis Bacon

Cuando la zorra predica, no están seguros los pollos.

Miguel de Cervantes

Es peligroso aquel que no tiene nada que perder.

J. Wolfgang Goethe

El único peligro real que existe es el hombre mismo.

Carl G. Jung

Donde esté el riesgo, allí también se ponga el lucro.

Justiniano I

Los proletarios no tienen nada que perder más que sus cadenas. Tienen, en cambio, un mundo que ganar.

Karl Marx

Ante el inminente peligro, la fortaleza es lo que cuenta.

Lucano

Con frecuencia, los mismos peligros sirven para salvarnos la vida.

Quintiliano

Los peligros visibles nos atemorizan menos que los horrores imaginarios.

William Shakespeare

PENSAMIENTO

El cerebro es el órgano del pensamiento, y el pensamiento es la función del cerebro.

Vladimir I. Lenin

Los productos del cerebro humano... no entran en contradicción con la conexión restante de la naturaleza, sino que concuerdan con ella.

Friedrich Engels

Cuando se empieza a meditar, todo resulta difícil.

Anatole France

El pensamiento, cualquiera que sea, no se engendra en el cerebro del individuo, sino que surge en el proceso de su actividad práctica.

A. Leontiev

Por la cabeza del hombre a lo largo de toda su vida no pasa ni una sola idea que no conste de elementos registrados en la memoria. Ni siquiera las denominadas nuevas ideas que se encuentran en la base de los descubrimientos científicos son excepción de esta regla.

I. M. Séchenov

PERDÓN

Si amas, perdona; si no amas, olvida.

Vicki Buum

Es más fácil perdonar a un enemigo que a un amigo.

William Blake

El que nada se perdona a sí mismo, merece que se lo perdonemos todo.

Confucio

Después del perdón son infames los delitos.

Félix Lope de Vega

La clemencia que perdona a los criminales es asesina.

William Shakespeare

Perdona siempre a tu enemigo. No hay nada que le enfurezca más.

Oscar Wilde

PERFECCIÓN

La perfección solamente se adquiere gradualmente. Requiere más que nada la mano del tiempo.

Voltaire

193

Siempre hay algo profesional en hacer una cosa superlativamente bien.

George Bernard Shaw

El perfeccionamiento individual se acrecienta en proporción geométrica. Cada nuevo paso adelante es un múltiplo de los precedentes.

Miguel Servet

No te cuides de hermosear el rostro, sino de adornar el ánimo con honrados estudios.

Tales de Mileto

PERSONALIDAD

Nuestro carácter es resultado de nuestra conducta.

Aristóteles

El carácter no sólo debe conservarse limpio, sino brillante.

Philip Dormer Chesterfield

Carácter firme es aquel que puede continuar sin éxitos.

Ralph W. Emerson

El carácter es la virtud de los tiempos difíciles.

Charles de Gaulle

Lo peor que puede ocurrirle al hombre es llegar a pensar mal de sí mismo.

J. Wolfgang Goethe

Nada muestra tan claramente nuestro carácter como la cosa que nos hace reír.

J. Wolfgang Goethe

Un talento se forma en la calma, un carácter, en el torrente del mundo.

J. Wolfgang Goethe

Vive dentro de ti mismo y verás cuán corta es tu hacienda.

Aulo Persio

Un hombre de carácter es casi siempre un hombre que tiene mal carácter.

Jules Renard

El hombre no revela mejor su propio carácter que cuando describe el carácter de otro.

Jean Paul Richter

Nadie puede elevarse por encima de los límites de su carácter.

Maximilien de Robespierre

En los pequeños detalles y cuando se está desprevenido es cuando el hombre pone de manifiesto su carácter.

Arthur Schopenhauer

Una zorra cambia de pelo, no de carácter.

Suetonio

Soy una parte de todo aquello que encontré.

Alfred Tennyson

Cada cual es como le hacen, y cada uno con su cada una.

Miguel de Unamuno

PERSUASIÓN

Una mano suave puede guiar a un elefante atado a un cabello.

Aforismo persa

Nunca convencerás a un ratón de que un gato negro trae buena suerte.

Graham Greene

El objeto de la oratoria no es la verdad, sino la persuasión.

Thomas B. Macaulay

Se repite una tontería, y a fuerza de repetirla se acaba por estar persuadido de ella.

Voltaire

PESIMISMO

El pesimismo es característico de la burguesía reaccionaria actual.

Diccionario Filosófico

El pesimismo es un asunto de la inteligencia; el optimismo, de la voluntad.

Antonio Gramsci

Un pesimista es un hombre que mira hacia ambos lados antes de cruzar una calle de una sola dirección.

Laurence J. Peter

¿Qué se puede esperar de un día que comienza con tener que levantarte?

George Bernard Shaw

Ten valor. No importa lo que decidas hacer. Lo más probable es que te equivoques.

George Bernard Shaw

Un pesimista es un optimista con experiencia.

François Truffaut

POBREZA

La pobreza es para los ricos una ley de la naturaleza.

Anónimo

El pobre honrado, si es que puede ser honrado el pobre...

Miguel de Cervantes

Ser pobre e independiente es una cosa casi imposible.

William Cobbett

La pobreza a menudo priva al hombre de toda virtud: es difícil que un costal vacío se mantenga derecho.

Benjamin Franklin

La ley es poderosa, pero más poderosa es la miseria.

J. Wolfgang Goethe

Hombre perdido, ¿quién se arriesgará? Aquel que ya no pueda soportar su miseria, que se una a los que luchan.

Bertolt Brecht

Si una sociedad libre no puede ayudar a sus muchos pobres, tampoco podrá salvar a sus pocos ricos.

John F. Kennedy

La pobreza impulsa el anhelo de cambio, de acción, de revolución.

Mao Tse-tung

El método más seguro para permanecer pobre es ser honrado.

Napoleón Bonaparte

Es natural en un hombre pobre el contar su rebaño.

Ovidio

Me gusta vivir pobre... pero con mucho dinero.

Pablo Picasso

Recomendar sobriedad al pobre es grotesco e insultante a la vez. Es como decir que coma poco al que se muere de hambre.

Oscar Wilde

PODER

Cuando los que mandan pierden la vergüenza, los que obedecen pierden el respeto.

Anónimo

El poder aumenta con los conocimientos.

Francis Bacon

Yo imagino que es bueno mandar aunque sea a un hato de ganado.

Miguel de Cervantes

Cualquier poder, si no se basa en la unión, es débil.

Jean de La Fontaine

El ojo del amo hace más trabajo que sus dos manos.

Benjamin Franklin

No cambies la salud por la riqueza, ni la libertad por el poder.

Benjamin Franklin

En cuanto una persona carece de delicadeza, te tiene en su poder.

William Hazlitt

Casi todos podemos soportar la adversidad, pero si queréis probar el carácter de un hombre, dadle poder.

Abraham Lincoln

A quien puede dominarse a sí mismo, pocas cosas hay que se le puedan resistir.

Luis XIV

El poder nace del fusil.

Mao Tse-tung

No hay que atacar al poder si no tienes la seguridad de destruirlo.

Niccolo Maquiavelo

Por muy alto que sea el trono, siempre está usted sentado sobre el culo.

Michel de Montaigne

Dejando en manos del pueblo sus propios asuntos no podemos equivocarnos.

Abraham Lincoln

Una autoridad que se funda en el terror, en la violencia, en la opresión, es al mismo tiempo una vergüenza y una injusticia.

Plutarco

Un jefe debe tener los ojos tan puros como las manos.

Plutarco

Cuando son dos a cabalgar en un caballo, uno de ellos tiene que ir detrás.

William Shakespeare

—Maestro, quisiera saber cómo viven los peces en el mar. —Como los hombres en la tierra: los grandes se comen a los pequeños.

William Shakespeare

Un cargo es una carga.

Terencio

No todos lo podemos todo.

Virgilio

El camino del medro en la posición social está y estará sembrado de amistades rotas.

Herbert G. Wells

POLÍTICA

El hombre es, por naturaleza, un animal político.

Aristóteles

Los animales nos gobiernan.

Emmanuel Bloch

200

El político debe ser capaz de predecir lo que va a ocurrir mañana, el mes próximo y el año que viene, y de explicar después por qué no ha ocurrido.

Winston Churchill

Un buen político es aquel que, tras haber sido comprado, sigue siendo comprable.

Winston Churchill

Ningún hombre ha recibido de la naturaleza el derecho de gobernar a los demás.

Denis Diderot

Mi ideal político es el democrático. Cada uno debe ser respetado como persona y nadie debe ser divinizado.

Albert Einstein

Un estómago vacío no es un buen consejero político.

Albert Einstein

Cuando no se elige al más animal de todos, parece que no es realmente democracia.

Albert Guinon

Cuanto más siniestros son los designios de un político, más estentórea se hace la nobleza de su lenguaje.

Aldous Huxley

Los políticos son siempre iguales. Prometen construir un puente incluso donde no hay río.

Nikita Kruschov

Para gobernar a alguien completamente hay que tener la mano ligera y no hacerle notar su dependencia.

Jean de La Bruyére

La indiferencia es la saciedad política. Es necesario estar repleto para mostrarse "indiferente" ante un trozo de pan. Confesar la indiferencia es confesar al mismo tiempo que se pertenece al partido de los saciados.

Vladimir J. Lenin

Ser liberal en España es ser emigrado en potencia.

Mariano José de Larra

Las revoluciones se producen cuando los de arriba no pueden vivir como antes y los de abajo no quieren vivir como antes.

Vladimir J. Lenin

Hay momentos en la vida de todo político en que lo mejor que puede hacerse es no despegar los labios.

Abraham Lincoln

Las promesas que hicieron ayer los políticos son los impuestos de hoy.

William L. Mackenzie King

El humanismo es en sí mismo la política, y la política el humanismo.

Thomas Mann

La política es una guerra sin efusión de sangre, y la guerra, una política con efusión de sangre.

Mao Tse-tung

Un pueblo que oprime a otro pueblo forja sus propias cadenas.

Karl Marx

Un fantasma recorre el mundo: el fantasma del comunismo.

Marx y Engels

Los embaucadores del pueblo siempre llevan miel en los labios y ponzoña en el corazón.

Francisco Mosquera

Los conservadores no son necesariamente estúpidos, pero casi todos los estúpidos son conservadores.

John Stuart Mill

La corrupción raras veces comienza por el pueblo.

Charles Montesquieu

La política es una casa de putas en la que las pupilas son bastante feas.

Napoleón Bonaparte

Las convicciones políticas son como la virginidad: una vez perdidas, no vuelven a recobrarse.

Francisco Pi y Margall

Si los líderes leyeran poesía, serían más sabios.

Octavio Paz

Aun el Estado más pequeño realmente está dividido en dos estados. Uno es el Estado de los pobres y el otro el de los ricos. Ambos están en guerra entre sí.

Platón

En política todo necio es peligroso mientras no demuestre con hechos su inocuidad.

Santiago Ramón y Cajal

Los científicos se esfuerzan por hacer posible lo imposible. Los políticos, por hacer lo posible imposible.

Bertrand Russell

Al gobierno de los hombres sucede la administración de las cosas.

Louis Saint-Simon

No es cierto que el poder corrompa, es que hay políticos que corrompen al poder.

George Bernard Shaw

En política la sensatez consiste en no responder a las preguntas. La habilidad, en no dejar que las hagan.

André Suarès

No me importa cuánto hablen mis ministros, con tal que hagan lo que digo.

Margaret Thatcher

Cuando era joven había decidido ser pianista en un burdel o político profesional. A decir verdad, no hay mucha diferencia.

Harry S. Truman

Si quieres tener un amigo en Washington, cómprate un perro.

Harry S. Truman

Los diplomáticos son personas a las que no les gusta decir lo que piensan. A los políticos no les gusta pensar lo que dicen.

Peter Ustinov

La política saca a flote lo peor del ser humano.

Mario Vargas Llosa

La política mayor consiste en ser virtuoso.

Voltaire

Yo no soy político. Además, el resto de mis costumbres son todas honradas.

Artemus Ward

PORVENIR

La sombra de los tiempos que precede y sigue al porvenir.

Guillaume Apollinaire

He aquí el mañana que reina hoy sobre la tierra
Grandes risas hay en grandes plazas.

Paul Eluard

El porvenir pertenece a lo nuevo.

Chou En-lai

Habrá un mañana digno de verse y de vivirse.

Glenn Doman

No te preocupes por el mañana; no se sabe qué te sucederá hoy.

Refrán yiddish

¡Tiempo llegará en que nuestro silencio será más poderoso que la fuerza que hoy estranguláis.

August Spies

POSIBILIDAD

Es intentando lo imposible como se realiza lo posible.

Henri Barbusse

Amo a los que sueñan con imposibles.

J. Wolfgang Goethe

Un solo acto de arrojo puede alterar el concepto de lo posible.

Graham Greene

Imposible es el adjetivo de los imbéciles.

Napoleón Bonaparte

Muchas cosas se reputan imposibles antes de haberse realizado.

Plinio el Viejo

PRÁCTICA

Sólo haciendo se puede aprender a hacer, escribiendo a escribir, pintando a pintar.

Comenius

Un mongol sin un caballo es como un pájaro sin alas.

Proverbio mongol

PRECAUCIÓN

Mantente en guardia si es que no quieres ser juguete del viento.

Horacio

Castillo apercibido, no es sorprendido.

Máxima

Cuando fueres por camino, no digas mal de tu enemigo.

Refrán

Escribe antes que des, y recibe antes que escribas.

Refrán antiguo

PREGUNTA

Lo importante es no dejar de hacerse preguntas.

Albert Einstein

Se aprende más por lo que la gente habla entre sí o por lo que se sobreentiende, que planteándose preguntas.

Rudyard Kipling

No toda pregunta merece respuesta.

Publio Siro

Si no quieres que te mientan, no preguntes.

William S. Maugham

Interrogar es enseñar.

Xenófanes

La pregunta llega muchas veces terriblemente más tarde que la respuesta.

Oscar Wilde

PREJUICIO

¡Triste época la nuestra! Es más fácil desintegrar un átomo que un prejuicio.

Albert Einstein

Echa los prejuicios por la puerta: volverán a entrar por la ventana.

Federico II de Prusia

A los niños los engaño con juguetes, y a los mayores con prejuicios.

Lisandro

Nuestros prejuicios son igualitos a nuestros relojes: nunca están de acuerdo, pero cada uno cree en el suyo.

Alexander Pope

En cuanto a los prejuicios de la llamada opinión pública, a la que jamás he hecho concesiones, seguiré ateniéndome al lema del gran florentino: ¡sigue tu camino, y deja que la gente murmure!

Karl Marx

PREOCUPACIÓN

Aquellos que no saben cómo combatir la preocupación mueren jóvenes.

Alexis Carrell

Pasé más de la mitad de mi vida preocupándome de cosas que jamás iban a ocurrir.

Winston Churchill

208

Estar preocupado es ser inteligente, aunque de un modo pasivo. Sólo los tontos carecen de preocupaciones.

J. Wolfgang Goethe

La preocupación debería llevarnos a la acción y no a la depresión.

Karnen Horney

La preocupación germina en la cuna de la ignorante pereza.

Pitágoras

PREVISIÓN

El golpe esperado resulta menos duro.

Catón

Te interesa personalmente si la casa de tu vecino está ardiendo.

Horacio

No apagues la antorcha que humea si no tienes otros fuegos que alumbren mejor.

Henrik Ibsen

Todo soldado francés lleva en su mochila el bastón de mariscal.

Napoleón Bonaparte

El hombre cauto jamás deplora el mal presente; emplea el presente en prevenir las aflicciones futuras.

William Shakespeare

Siempre en tus retiradas no olvides dejar establecida una cabeza de puente en la orilla abandonada.

Maurice de Talleyrand-Périgord

PRISA

De nada sirve el correr; lo que conviene es partir a tiempo.

Jean de La Fontaine

La gente con prisa suele hacer dos veces su trabajo.

Herodoto

Quien se apresura demasiado terminará más tarde.

Tito Livio

Apresúrate lentamente.

Suetonio

No tengo tiempo para tener prisa.

John Wesley

PROMESA

Que quien en prometer es muy ligero, proverbio es que despacio se arrepiente.

Alonso de Ercilla

El medio más seguro de mantener la palabra dada es no darla nunca.

Napoleón Bonaparte

Nadie ofrece tanto como el que no va a cumplir.

Francisco de Quevedo

Nubes de viento que no tienen lluvia es el hombre fanfarrón que no cumple sus promesas.

Salomón

Pesas promesas con juramentos y pesaréis la nada.

William Shakespeare

PROPIEDAD

El propietario, ese animal prehistórico.

Bertolt Brecht

Nunca se desprende uno de lo que le pertenece, aunque lo tire o lo regale.

J. Wolfgang Goethe

Hay personas que se definen por lo que tienen y hay personas que se definen por algo que les falta.

Henrik Ibsen

El hombre superior ama su alma; el hombre inferior ama su propiedad.

Lin Yutang

PROPÓSITO

La intención hace el agravio.

Pedro Calderón de la Barca

Que siempre por señales o razones se suelen descubrir las intenciones.

Alonso de Ercilla

El fin no puede justificar los medios, por la simple y obvia razón de que los medios empleados determinan la naturaleza de los fines producidos.

Aldous Huxley

Una vida sin propósito es una muerte prematura.

J. Wolfgang Goethe

El infierno está empedrado de buenas intenciones.

Walter Scott

El mismo diablo citará la Sagrada Escritura, si viene bien a sus propósitos.

William Shakespeare

PRUDENCIA

La imprudencia suele preceder a la calamidad.

Apiano

El retirarse no es huir ni el esperar es cordura si el peligro sobrepuja a la esperanza.

Miguel de Cervantes

La temeridad es peligrosa en un jefe: el verdadero coraje es la prudencia.

Eurípides

Construye tu cabaña en el valle, pero nunca lo hagas en la cima.

Heinrich Heine

Muéstrate fuerte y animoso en los aprietos y estre-
checes; y de igual modo, cuando un viento demasiado
propicio hincha tus velas, recógelas prudentemente.

Horacio

No aticéis el fuego con una espada.

Pitágoras

Cuando una casa está a punto de venirse abajo, todos
los ratones la abandonan.

Plinio el Joven

Quien se ha quemado con la leche, el agua sopla.

Refrán ruso

Quien teme a los lobos que no se interne en el bosque.

Refrán popular

Es mejor volver atrás que perderse en el camino.

Sentencia rusa

Toda dilación es odiosa, pero suele engendrar prudencia.

Publio Siro

No obres nunca apasionado. ¿Por qué quieres entrar en
el mar durante la tempestad?

Teógenes

El que vive prudentemente, vive tristemente.

Voltaire

PUBLICIDAD

La publicidad se impone o no existe. No se triunfa sobre la masa con la discreción. La publicidad es la violación.

Auguste Deteoeuf

Ninguna prueba, ninguna rectificación ni desmentido, puede anular el efecto de una publicidad bien hecha.

Keyserling

Jesús sería hoy un hombre de la publicidad en escala nacional.

Bruce Barton

PUEBLO

Todo aquel que no sabe, aunque sea señor y príncipe, puede y debe entrar en el número de vulgo.

Miguel de Cervantes

Un pueblo que oprime a otro pueblo no puede ser libre.

Friedrich Engels

Me gusta el pueblo... siempre he combatido por la emancipación del pueblo; era mi gran tarea.

Heinrich Heine

El pueblo da su sangre y su dinero, a cambio de lo cual se le dirige.

Victor Hugo

Ama el pueblo; evita la muchedumbre.

Franz Liszt

Hay algunos hombres útiles, pero ninguno es imprescindible. Sólo el pueblo es inmortal.

Maximilien de Robespierre

Sé de mil ilustres varones que han lisonjeado al pueblo sin hacerse amar nunca de él, y de otros mil a quienes el pueblo ha amado sin explicarse el motivo.

William Shakespeare

RAZÓN

La razón del hombre es limitada, pero es ilimitada la razón humana, es decir, la razón de la humanidad.

V. G. Belinski

Si no chocamos contra la razón nunca llegaremos a nada.

Albert Einstein

La Tierra es la cuna de la razón, pero no se puede vivir siempre en la cuna.

Konstantin Tsiolkovski

La fuerza bruta aun puede tolerarse, pero la razón bruta en modo alguno.

Oscar Wilde

REALIDAD

Los hechos son tozudos.

Vladimir I. Lenin

Negar un hecho es lo más fácil del mundo. Mucha gente lo hace, pero el hecho sigue siendo un hecho.

Isaac Asimov

215

Nada es real hasta que se experimenta; aun un proverbio no lo es hasta que la vida no lo haya ilustrado.

John Keats

Peor que ver la realidad negra, es el no verla.

Antonio Machado

RELIGIÓN

¡Ojalá Dios me diera una clara señal! Como hacer un gran depósito a mi nombre en un banco suizo.

Woody Allen

Dios está en todas partes... Y, a fin de cuentas, está siempre con los que tienen mucho dinero y multitud de armas.

Jean Anouilh

No sólo la mística suscita emociones.

Bertolt Brecht

Gracias a Dios, todavía soy ateo.

Luis Buñuel

Tienes que desconfiar del caballo por detrás de él; del toro, cuando estés de frente; y de los clérigos, de todos lados.

Miguel de Cervantes

Benditos sean los cañones si, en las brechas que abren, florece el Evangelio.

Monseñor Díaz Gomara

El Dios de los cristianos es un padre que se preocupa mucho de sus manzanas y muy poco de sus hijos.

Denis Diderot

No hay un solo padre bueno que quisiera parecerse a nuestro padre celestial.

Denis Diderot

Para el filósofo, la posteridad es el otro mundo del hombre religioso.

Denis Diderot

No enciendas los carbones del pecado, no sea que te abrases en el fuego de su llama.

Eclesiastés

Los hombres surgían de su infancia enana y ya la religión creía conocerlos para siempre.

Paul Eluard

Me gusta Cristo, como me ha gustado siempre, porque es un camarada sedicioso.

Hugh Latimer

Dios me perdonará: es su oficio.

Heinrich Heine

Dios es una invención de la mente del hombre tanto como lo es la fotografía; la diferencia consiste en que la cámara registra lo que realmente es, mientras que Dios es en el hecho una fotografía de lo que un hombre ha inventado sobre sí mismo como un ser que desea y es capaz de ser omnisciente, omnipotente y absolutamente justo.

Máximo Gorki

Estoy seriamente convencido de que un francés que blasfema es un espectáculo más agradable para Dios que un inglés que reza.

Heinrich Heine

La religión, aunque fuera falsa, es un elemento necesario para la vida de un pueblo.

Henri Lacordaire

Los hombres temen a los mismos dioses que han inventado.

Lucano

La religión es el gemido de la criatura oprimida, el corazón de un mundo sin corazón, es el opio del pueblo.

Karl Marx

La religión es solamente el sol ilusorio que gira en torno del hombre mientras este no gira en torno de sí mismo.

Karl Marx

Los santos clásicos del cristianismo maceraban su cuerpo por la salvación de la masa. Los santos modernos y cultivados maceran el cuerpo de la masa por su propia salvación.

Karl Marx

Castigar la debilidad, ¿no es la más injusta de las tiranías?

Meslier

Los ojos de los hombres son puestos en el cielo a fin de impedirles que perciban las verdaderas causas de sus males y apliquen a estos los remedios que la naturaleza les ofrece.

Meslier

La devoción es una enfermedad de la imaginación contraída en la infancia.

Meslier

Respeto la fe; no la administración de la fe.

José Saramago

No tuve necesidad de la hipótesis de Dios en la mecánica celeste. Mi patria es el mundo y mi religión hacer el bien.

Pierre Simon Laplace

¿Son tan preciosos nuestros pecados que es menester catalogarlos y clasificarlos, y celebrarlos con cualquier clase de piedad?

Charles Péguy

Padre nuestro que estás en los cielos
sigue allí
Y nosotros seguiremos en la tierra...

Jacques Prévert

La puerta de Dios siempre está de par en par.

Refrán persa

Hereje no es el que arde en la hoguera. Hereje es el que la enciende.

William Shakespeare

Tenemos el mínimo de religión suficiente para odiarnos unos a otros, pero no para amarnos.

Jonathan Swift

La grandeza de la Biblia pertenece a su tiempo; ayudaba a los hombres a soportar las penalidades del trabajo, los sufrimientos del alma y el cuerpo y la muerte intolerable. Daba esperanzas en el más allá de la vida, pero... ¿y si la vida fuera otra cosa?

Elsa Triolet

Si Dios no existiera, sería necesario inventarlo.

Voltaire

Millones de hombres, mujeres y niños inocentes han sido quemados, torturados, multados y encarcelados desde que se introdujo el cristianismo. ¿Cuál ha sido el efecto de la violencia? Hacer de la mitad del mundo estúpido y de la otra mitad hipócrita, apoyar la bellaquería y el error sobre toda la Tierra.

Thomas Jefferson

REVOLUCIÓN

No se es revolucionario, se llega a serlo.

Lazare N. Carnot

La inexorable lógica de la historia exige que lo viejo, lo podrido, desaparezca... y que todo lo nuevo, sano y humano viva.

Cristo Botev

Hacer la revolución no es ofrecer un banquete, ni escribir una obra, ni pintar un cuadro o hacer un bordado; no puede ser tan elegante, tan tranquila y delicada, tan apacible, amable, cortés, moderada y magnánima. Una revolución es una insurrección, es un acto de violencia mediante el cual una clase derroca a otra.

Mao Tse-tung

La fuerza propulsora de la historia, incluso la de la religión, la filosofía, y toda teoría, no es la crítica, sino la revolución.

Karl Marx

Los filósofos no han hecho más que interpretar de diversos modos el mundo, pero de lo que se trata es de transformarlo.

Karl Marx

RIQUEZA

En casa de mujer rica, ella manda y ella grita.

Máxima

Dineros son calidad.

Refrán

Las fábricas son más altas que las iglesias.

Guillaume Apollinaire

Los hombres no deben envanecerse por el poder ni la riqueza.

Popol Vuh

RISA

Nunca te castigan por haber hecho morir de risa.

Proverbio ruso

He reído... ¡Estoy desarmado!

Alexis Piron

Dime de qué te ríes y te diré quién eres.

Marcel Pagnol

La risa es la distancia más corta entre dos personas.

Víctor Borge

El secreto de la risa no es la alegría, sino la tristeza.

Mark Twain

No hay mayor enemigo de la risa que la emoción.

Henri Bergson

La risa es el antídoto del enojo.

Jean F. de la Harpe

A nadie se le dio veneno en risa.

Félix Lope de Vega

SABER

El saber, después de la virtud, es ciertamente lo que eleva a un hombre a mayor altura que otro.

Joseph Addison

Agota antes todas las locuras: así se llega a la tierra de la sabiduría.

Ludwig Börne

Pensamientos tontos los tenemos todos, pero el sabio se los calla.

Wilhelm Busch

¡Asiste a la escuela, desamparado!
¡Persigue el saber, muerto de frío!
¡Empuña el libro, hambriento! ¡Es un arma!
Estás llamado a ser un dirigente.

Bertolt Brecht

La sabiduría no puede adquirirse con oro, pero menos todavía puede adquirirse sin él.

Samuel Butler

Saber demasiado es funesto para quien no sepa moderar su lengua. Es como un niño que tuviera un cuchillo.

Calímaco

El más tonto sabe más en su casa que el sabio en la ajena.

Miguel de Cervantes

Saber para prever, a fin de poder.

Auguste Comte

La seriedad es sólo la corteza del árbol de la sabiduría; sin embargo, sirve para preservarla.

Confucio

Toda la Tierra está al alcance del sabio, ya que la patria de un alma elevada es el universo.

Demócrito

El primer paso hacia la filosofía es la incredulidad.

Denis Diderot

223

El esfuerzo por unir sabiduría y acción se logra pocas veces y dura poco.

Albert Einstein

Producir sin poseer, trabajar sin esperar, prosperar sin usurpar: tal es la sabiduría.

Proverbio chino

Nada sabéis si sólo sabéis mandar, reprender y corregir.

François Fénelon

Sabio es aquel que constantemente se maravilla de nuevo.

André Gide

Nos es forzoso recibirlo todo, aprenderlo todo, tanto de los que nos precedieron como de los que nos rodean.

J. Wolfgang Goethe

Pensar y obrar, obrar y pensar es la suma de toda sabiduría.

J. Wolfgang Goethe

Sobre las rosas se puede filosofar; tratándose de papas, hay que comer.

J. Wolfgang Goethe

Saber y saberlo demostrar es saber dos veces.

Baltasar Gracián

Todos los hombres son intelectuales; pero no todos cumplen la función de intelectuales en la sociedad.

Antonio Gramsci

La sabiduría es hija de la experiencia.

Leonardo da Vinci

El que sabe mucho tiene mucho de qué preocuparse.

Gotthold E. Lessing

Toda actitud intelectual es potencialmente política.

Thomas Mann

Sólo avanzada ya mi vida me di cuenta de cuán fácil es decir: "No lo sé".

William S. Maugham

El sabio sólo usa de acritud contra sí mismo, y es amable con los demás.

Plutarco

Un día del hombre erudito es más largo que un siglo del ignorante.

Posidonio

El que pretende pasar por sabio entre los necios, pasa por necio entre los sabios.

Quintiliano

¡Estudia! No para saber una cosa más, sino para saberla mejor.

Séneca

Sabemos lo que somos, pero no en lo que podemos convertirnos.

William Shakespeare

Guárdate bien de decir todo lo que sabes.

Solón

La sabiduría consiste no sólo en ver lo que tienes ante ti, sino en prever lo que va a venir.

Terencio

Sepan contradecir y confundirán a los filósofos.

Henry D. Thoreau

Un grano de oro puede conquistar mucho, pero no tanto como un grano de sabiduría.

Henry D. Thoreau

Un pedante es un estúpido adulterado por el estudio.

Miguel de Unamuno

SALUD

Cuando un médico recomienda a un enfermo que cambie de aires es que no sabe qué hacer con él.

Anónimo

El 30 por 100 de los alimentos que consumimos nos mantiene vivos; con el 70 por 100, se mantienen vivos los médicos.

Anónimo

¿Para qué quiere uno romperse la espalda por el patrón?

Canción popular norteamericana

La medicina es un arte conjetural, que casi carece de reglas.

Celso

Es necesario extinguir cuatro cosas en su principio: las deudas, el fuego, los enemigos y la enfermedad.

Confucio

La primera riqueza es la salud.

Ralph W. Emerson

El capitalista lucha por su ganancia, el obrero por su salud.

Friedrich Engels

Casi todos los médicos tienen sus enfermedades favoritas.

Henry Fielding

La enfermedad, la vejez, la muerte; tres grandes humillaciones para el hombre.

Remy de Gourmont

No los remedios sino la naturaleza es la que cura, consistiendo la virtud de aquellos en ayudar a esta.

Hipócrates

Que tu alimento sea tu única medicina.

Hipócrates

Mente sana en cuerpo sano.

Juvenal

La vida no es para vivir, sino para vivir con salud.

Marcial

La investigación de las enfermedades ha avanzado tanto que cada vez es más difícil encontrar a alguien que esté completamente sano.

Aldous Huxley

Al capital se le da un ardite la salud y la duración de la vida del obrero, a menos que la sociedad le obligue a tomarlas en consideración.

Karl Marx

Casi todos los hombres mueren de sus remedios, no de sus enfermedades.

Molière

Médicos. Hombres de suerte. Sus éxitos brillan al sol... y sus errores los cubre la tierra.

Michel de Montaigne

Descansar es salud.

Proverbio español

La posesión de la salud es como la de la hacienda, que se goza gastándola, y si no se gasta, no se goza.

Francisco de Quevedo

Llegada la edad provecta, ¿cuál es el amigo cuya muerte repercute más dolorosamente en nuestro corazón? El caído de la misma enfermedad que nos aqueja.

Santiago Ramón y Cajal

La mejor medicina es un ánimo gozoso.

Salomón

Los mejores médicos del mundo son: el doctor dieta, el doctor reposo y el doctor alegría.

Jonathan Swift

Cuando estamos sanos, todos tenemos buenos consejos para los enfermos.

Terencio

Tenga cuidado con la lectura de libros sobre la salud. Podría morir de una errata de imprenta.

Mark Twain

Disfruten de su buena salud: sólo son jóvenes los que se encuentran bien.

Voltaire

El arte de la medicina consiste en mantener al paciente en buen estado de ánimo mientras la naturaleza le va curando.

Voltaire

Los médicos meten drogas que no conocen en un cuerpo que conocen todavía menos.

Voltaire

SECRETO

No confíes tu secreto ni al más íntimo amigo; no podrías pedirle discreción si tú mismo no la has tenido.

Ludwig van Beethoven

Lo más bello que podemos experimentar es el misterio de las cosas.

Albert Einstein

Nadie guarda mejor un secreto que el que lo ignora.

George Farquhar

Tres personas pueden guardar un secreto, si dos de ellas están muertas.

Benjamin Franklin

SECTARISMO

Sectario es el que sólo ve una estrella en el cielo.

André Prévot

Toda secta es una bandera de error. No hay sectas en la geometría.

Voltaire

Quien no quiere pensar es un fanático; quien no puede pensar es un idiota; quien no osa pensar es un cobarde.

Francis Bacon

SENCILLEZ

Nada hay más difícil que ser claro y breve. Se necesita ser un genio.

Eça de Queiroz

Se debe hacer todo tan sencillo como sea posible, pero no más sencillo.

Albert Einstein

Lo bueno, si breve, dos veces bueno; y aun lo malo, si poco, no tan malo.

Baltasar Gracián

La profundidad está en lo claro y alegre.

Hermann Hesse

Dada la manera de ser del hombre actual, ser conciso equivale a estar inspirado.

George Santayana

El hombre poco claro no puede hacerse ilusiones: o se engaña a sí mismo, o trata de engañar a los demás.

Stendhal

La concisión es el alma del ingenio.

William Shakespeare

La falta de sencillez lo estropea todo.

Miguel de Unamuno

Los pequeños arroyos son transparentes porque son muy poco profundos.

Voltaire

SENTENCIA

Nada más sencillo: una máxima que brille a la vez por su claridad, brevedad, moralidad y novedad.
Como véis, ¡nada más sencillo!

Adrien Decourcelle

El propósito único es el santo y seña del triunfo.

Daniel Sanders

La historia de la humanidad es un movimiento constante desde el reino de la necesidad al reino de la libertad.

Mao Tse-tung

SENTIMIENTO

Se conoce el corazón del hombre por lo que hace, y su sabiduría, por lo que dice.

Alí Ben Abu Thaleb

231

Debes tener siempre fría la cabeza, caliente el corazón y larga la mano.

Confucio

Es una carga demasiado pesada para un solo corazón sufrir por dos.

Eurípides

Los ases son para jugarlos.

Anónimo

En las grandes crisis el corazón se rompe o se endurece.

Honoré de Balzac

Los seres más sensibles son los seres más sensatos.

Honoré de Balzac

Un corazón es una riqueza que no se vende ni se compra, pero que se regala.

Gustave Flaubert

Cerrad vuestros corazones con más cuidado que vuestras puertas.

J. Wolfgang Goethe

Cuando el corazón es bueno, todo puede corregirse.

J. Wolfgang Goethe

Cuando los ojos ven lo que nunca vieron, el corazón siente lo que nunca sintió.

Baltasar Gracián

Sólo se ve bien con el corazón; lo esencial es invisible para los ojos.

Antoine de Saint-Exupéry

Sobre toda cosa guardada, guarda tu corazón, porque de él emana la vida.

Salomón

Que tu sabiduría sea la sabiduría de las canas, pero que tu corazón sea el corazón de la infancia candorosa.

Friedrich von Schiller

Jamás se penetra por la fuerza en un corazón.

Molière

El corazón tiene razones que la razón ignora.

Blaise Pascal

Yo podría estar encerrado en una cáscara de nuez y sentirme rey de un espacio infinito.

William Shakespeare

Es una reflexión muy corriente, pero que por este mismo motivo olvidamos, que las almas sensibles son cada día más raras y las personas cultas más ordinarias.

Stendhal

Mal obedecen los labios cuando murmura el corazón.

Voltaire

SEPARACIÓN

Mil leguas de separación hacen casi el mismo efecto que mil años de distancia.

Benjamin Franklin

Partir es morir un poco.

Pierre de Ronsard

La veneración crece con la distancia.

Tácito

SEXO

Ser libertino es tener buena vista.

Aforismo clásico

La castidad es como la naturaleza del sol que pasa por las inmundicias, y queda puro como antes.

Francis Bacon

Sin prohibiciones no hay erotismo.

Georges Bataille

De todas las aberraciones sexuales, la más singular tal vez sea la castidad.

Remy de Gourmont

Muy gustoso reconocería que las mujeres son superiores a nosotros, si esto pudiera disuadirlas de pretender ser iguales a nosotros.

Sacha Guitry

La pornografía es el intento de insultar al sexo, de ensuciarlo.

David H. Lawrence

La pornografía es el erotismo al que le falta inteligencia.

Terenci Moix

Repútase casta aquella a quien nadie requirió de amores.

Ovidio

Si la castidad no es una virtud, es sin embargo una fuerza.

Jules Renard

El instinto erótico pertenece a la naturaleza original del hombre... Está relacionado con la más alta forma de espíritu.

Carl G. Jung

SILENCIO

A veces es necesario guardar silencio para ser escuchado.

Anónimo

Bienaventurados los que no hablan, porque ellos se entienden.

Mariano José de Larra

La primera virtud es la de frenar la lengua; y es casi un dios quien teniendo razón sabe callarse.

Catón

El silencio es un amigo que jamás traiciona.

Confucio

Los silencios no prestan testimonio contra sí mismos.

Aldous Huxley

No sé quién ha dicho que el gran talento no consiste precisamente en saber lo que se ha de decir, sino en saber lo que se ha de callar.

Mariano José de Larra

Sigo insistiendo en que sin haber investigado nadie puede pretender el derecho de hablar.

Mao Tse-tung

Bienaventurados los que no tienen nada que decir, y que resisten la tentación de decirlo.

James R. Lowell

El silencio es el sol que madura los frutos del alma.

Maurice Maeterlinck

No podemos tener una idea exacta del que jamás se calla.

Maurice Maeterlinck

Un rostro silencioso con frecuencia expresa más que las palabras.

Ovidio

Muchas veces lo que se calla hace más impresión que lo que se dice.

Píndaro

Escucha, serás sabio; el comienzo de la sabiduría es el silencio.

Pitágoras

Soy tan partidario de la disciplina del silencio, que podría hablar horas enteras sobre ella.

George Bernard Shaw

Hay algo amenazante en un silencio demasiado grande.

Sófocles

De lo que no podemos hablar debemos guardar silencio.

Ludwig Wittgenstein

Me he arrepentido muchas veces de haber hablado; jamás de haber callado.

Xenócrates

SOCIEDAD

Los hombres no han establecido la sociedad solamente para vivir, sino para vivir felices.

Aristóteles

A nuestros amigos y enemigos los buscamos nosotros mismos, pero Dios nos da nuestros vecinos.

Gilbert K. Chesterton

Toda sociedad lleva en sí la facultad de engendrar la que vendrá, y llega a la crisis del alumbramiento cuando ha alcanzado la plenitud de sus caracteres esenciales.

Charles Fourier

Todo es vicioso en este mundo al revés.

Charles Fourier

En el sistema industrial, la pobreza nace de la misma abundancia.

Charles Fourier

Un vallado hace buenos vecinos.

Robert Frost

En el fondo, son las relaciones con las personas lo que da valor a la vida.

Karl W. von Humboldt

Los vecinos que uno nunca ve de cerca son los vecinos ideales y perfectos.

Aldous Huxley

237

La sociedad viene a ser como un navío y todo el mundo debe contribuir a la buena dirección de su timón.

Henrik Ibsen

La multitud, como el mar, es por sí misma inmóvil, es tranquila o procelosa, según sean los vientos o las auras que la conmuevan.

Tito Livio

Pertenezco a una historia que cuenta cuatro mil años de canibalismo. Quizás aún hay en ella criaturas que no han comido hombre. Salvad las criaturas.

Lu Sin

Son menos bárbaros que nosotros.

Montaigne, hablando de la comunidad primitiva

Las circunstancias hacen al hombre en la misma medida en que este hace a las circunstancias.

Karl Marx

La conciencia es ya de antemano un producto social, y lo seguirá siendo mientras existan seres humanos.

Karl Marx

La vida social es, en esencia, práctica. Todos los misterios que descarrían la teoría hacia el misticismo, encuentran su solución racional en la práctica humana y en la comprensión de esta práctica.

Karl Marx

En la máquina social hay que ser motor, no rueda, personalidad, no persona.

Santiago Ramón y Cajal

El fin práctico de la civilización consiste en obligar a la muerte a hacer cada día más larga antesala delante de nuestra alcoba.

Santiago Ramón y Cajal

Muchos de los que podrían salvarse como particulares se condenan como hombres públicos.

Cardenal Richelieu

Lo que llamamos buena sociedad no es, en su mayor parte, más que un mosaico de caricaturas refinadas.

Friedrich von Schlegel

Las visitas largas producen cumplidos breves.

Proverbio chino

La vida privada de un ciudadano debe ser recinto amurallado.

Maurice de Talleyrand-Périgord

Me parece que la civilización tiende más a refinar el vicio que a perfeccionar la virtud.

Edmond Thiaudiére

SOLEDAD

Todo lo que vive, no vive solo, ni para sí mismo.

William Blake

¡Oh, soledad, alegre compañía de los tristes!

Miguel de Cervantes

Vivimos como soñamos: solos.

Joseph Conrad

Rema en tu propio barco.

Eurípides

El hombre más fuerte es el que resiste la soledad.

Henrik Ibsen

Un corazón solitario no es un corazón.

Antonio Machado

Allí donde se había soñado en compañía, resucitan dos soledades.

Eugenio d'Ors

Estarás triste si te hallas solo.

Ovidio

Aprende a vivir aislado y a meditar en soledad.

Periandro

Yo converso solamente conmigo mismo y con mis libros.

Plinio el Joven

Un hombre solo siempre está en mala compañía.

Paul Valéry

La independencia siempre fue mi deseo; la dependencia siempre fue mi destino.

Paul Verlaine

La mejor de todas las vidas es la de una ocupada soledad.

Voltaire

SOLIDARIDAD

Para dos no hay pendiente demasiado empinada.

Henrik Ibsen

Cuando los hombres se ven reunidos para algún fin, descubren que pueden alcanzar también otros fines cuya consecución depende de su mutua unión.

Thomas Carlyle

No eran más que unos pocos
y de pronto fueron multitud.

Paul Eluard

El propio Hércules de la antigüedad es un ser colectivo que sostiene los actos propios y los de los demás. Y es que en el fondo todos lo somos, situémonos donde queramos.

J. Wolfgang Goethe

"Divide y manda": ¡sabio consejo!; "une y guía": ¡otro lema mucho mejor!

J. Wolfgang Goethe

No me lloren. ¡Organícense!

Joe Hill

Llevadera es la labor cuando muchos comparten la fatiga.

Homero

El que todo lo dio al género humano ha solventado su cuenta con el individuo.

Victor Hugo

241

Cuando la tripulación y el capitán están cordialmente compenetrados, es preciso un temporal y más que un temporal para lanzar la nave a tierra.

Rudyard Kipling

Yo soy de la opinión de los que son perseguidos.

Alphonse de Lamartine

En paz y en guerra, la unión trae la victoria.

George Rollenhagen

Hemos venido a este mundo como hermanos: caminemos, pues, dándonos la mano y uno delante de otro.

William Shakespeare

La unión en el rebaño obliga al león a acostarse con hambre.

Proverbio africano

SOLUCIÓN

Cuando se sugieren muchos remedios para un mal, este no tiene cura.

Antón Chéjov

Todo lo complejo puede dividirse en partes simples.

René Descartes

Todos los asuntos tienen dos asas: por una son manejables, por la otra no.

Epicteto

A grandes males, grandes remedios.

Hipócrates

En la vida no hay soluciones, sino fuerzas en marcha. Es preciso crearlas, y las soluciones vienen.

Antoine de Saint-Exupéry

En todos los problemas, la solución crea problemas nuevos.

Miguel de Unamuno

SUEÑO

El sueño es alivio de las miserias de los que las tienen despiertas.

Miguel de Cervantes

Sea moderado tu sueño: que el que no madruga con el sol no goza del día.

Miguel de Cervantes

Siempre suspiramos por visiones de belleza, siempre soñamos mundos desconocidos.

Máximo Gorki

Es dicho de dormilones que por mucho madrugar no amanece más temprano.

Baltasar Gracián

También los dormidos son obreros que coadyuvan a lo que en el mundo se está haciendo.

Heráclito

Juzgaríamos con mucha más certeza a un hombre por lo que sueña que por lo que piensa.

Víctor Hugo

Prefiero los sueños del porvenir a la historia.

Thomas Jefferson

Existe más de un sueño en cada vida. Tal vez existan tantos como años. Para mí el último es "saber". Creo que es el más largo y el menos realizable.

Maurice Maeterlinck

El sueño alimenta cuando no se tiene qué comer.

Menandro

Nuestra vida está en gran parte compuesta por sueños. Hay que unirlos a la acción.

Anaïs Nin

Soñar es dormir con ilustraciones en el texto.

Eugenio d'Ors

Una idea no ejecutada es un sueño.

Louis de Saint-Simon

Estamos hechos de la misma materia que los sueños y nuestra pequeña vida termina durmiendo.

William Shakespeare

Del sueño a la muerte hay un pequeñísimo trecho.

Torcuato Tasso

De razones vive el hombre, de sueños sobrevive.

Miguel de Unamuno

TÁCTICA

Cuando llegue a una ciudad desconocida no se aburra, estúdiela: vaya usted a saber si algún día no tendrá que conquistarla.

Napoleón Bonaparte

244

La clase oprimida que no tienda a aprender el manejo de las armas, merecería que se la tratara como esclava.

Vladimir I. Lenin

TALENTO

Me parecía imposible dejar este mundo antes de producir cuanto sentía deber producir.

Ludwig van Beethoven

El hombre hábil es superior al fuerte.

Jocílides

Los vientos y las olas están siempre a favor del navegante más capacitado.

Edward Gibbon

El talento se educa en la calma y el carácter en la tempestad.

J. Wolfgang Goethe

¿La inspiración? Es un cálculo hecho rápidamente.

Napoleón Bonaparte

El hombre de talento debe ser como la muerte, que no reconoce categorías.

José Eustasio Rivera

Algunos de los brillantes pensadores jónicos eran hijos de marineros, agricultores y tejedores. Estaban acostumbrados a hurgar y a reparar, al contrario de los sacerdotes y de los escribas de otras naciones, que criados en el lujo no estaban dispuestos a ensuciarse las manos.

Carl Sagan

TENTACIÓN

Nunca resisto la tentación, porque he descubierto que lo que es malo para mí no me tienta.

George Bernard Shaw

Hay muchos excelentes medios de protegerse contra la tentación, pero el más seguro es la cobardía.

Mark Twain

La mejor manera de evitar una tentación es cayendo en ella. Si resistes, tu alma enfermará de deseo.

Oscar Wilde

Puedo resistirlo todo, menos la tentación.

Oscar Wilde

TEORÍA

En estos tiempos de pensamiento único, alguien debe reivindicar el derecho a decir no.

José Saramago

La teoría es asesinada tarde o temprano por la experiencia.

Albert Einstein

Nada hay tan práctico como una buena teoría.

Josif Jungmann

Sin teoría revolucionaria no hay movimiento revolucionario.

Vladimir J. Lenin

246

Los que se enamoran de la práctica sin la teoría son como los pilotos sin timón ni brújula, que nunca podrán saber adónde van.

Leonardo da Vinci

TIEMPO

El que no aplique nuevos remedios debe esperar nuevos males, porque el tiempo es el máximo innovador.

Francis Bacon

El tiempo es dinero.

Francis Bacon

Saber escoger el tiempo es ahorrar tiempo.

Francis Bacon

El tiempo es el único capital de aquellos que sólo poseen la fortuna de su inteligencia.

Honoré de Balzac

Se dice que el tiempo es un gran maestro; lo malo es que va matando a sus discípulos.

Hector Berlioz

El invierno inglés termina en julio y vuelve a comenzar en agosto.

George Gordon Byron

Nunca debe el hombre lamentarse de los tiempos en que vive, pues esto no le servirá de nada. En cambio, en su poder está siempre mejorarlos.

Thomas Carlyle

247

No hay recuerdo que el tiempo no borre ni pena que la muerte no acabe.

Miguel de Cervantes

El tiempo es el mejor autor; siempre encuentra un final perfecto.

Charles Chaplin

Todos somos aficionados. La vida es tan corta que no da para más.

Charles Chaplin

Cuida los minutos, pues las horas ya cuidarán de sí mismas.

Philip Dormer Chesterfield

No saber lo que ha ocurrido antes de nosotros es como seguir siendo niños.

Cicerón

A quien más sabe es a quien más duele perder el tiempo.

Dante Alighieri

Yo nunca pienso en el futuro; llega demasiado aprisa.

Albert Einstein

El día es perezoso pero la noche es activa.

Paul Eluard

Graben esto en sus corazones: cada día es el mejor del año.

Ralph W. Emerson

La mañana nace de su madre, la noche.

Esquilo

Si nunca pensamos en el futuro, nunca lo tendremos.

John Galsworthy

Aprovechen el tiempo que vuela tan aprisa; el orden les enseñará a ganar tiempo.

J. Wolfgang Goethe

Cuán insensato es el hombre que deja transcurrir el tiempo estérilmente.

J. Wolfgang Goethe

Si quieres vivir alegremente, no te preocupes por el pasado.

J. Wolfgang Goethe

Todo pasará, pero lo hecho, hecho queda.

Máximo Gorki

Se pondrá el tiempo amarillo sobre mi fotografía.

Miguel Hernández

Todo aquello que está debajo de la tierra, el tiempo lo sacará a la luz del sol.

Horacio

Un día empuja al otro y las lunas nuevas corren hacia la muerte.

Horacio

Sólo el tiempo puede hacer a los pueblos capaces de gobernarse por sí mismos. Su educación se logra por medio de sus renovaciones.

Alphonse de Lamartine

Yo no sé quién fue mi abuelo; me importa mucho más saber qué será su nieto.

Abraham Lincoln

Más vale tarde que nunca.

Libanius

Nosotros matamos al tiempo, pero él nos entierra.

Joaquim M. Machado de Assis

El pasado siempre está presente.

Maurice Maeterlinck

Todo el placer de los días está en sus amaneceres.

François de Malherbe

La noche siempre trae consejos.

Menandro

El tiempo es infiel a quien de él abusa.

Pietro Metastasio

El tiempo... excelente médico de nuestras pasiones.

Michel de Montaigne

Hay días subversivos y revolucionarios que equivalen y concentran años y decenios de ricos y rápidos sucesos, al igual que hay decenios tan pobres y lentos en que apenas si transcurren días de historia.

Francisco Mosquera

Puedes pedírmelo todo, excepción hecha de mi tiempo.

Napoleón Bonaparte

Y... si he escrito esta carta tan larga, ha sido porque no he tenido tiempo de hacerla más corta.

Blaise Pascal

Gocemos aprisa; nuestro es únicamente el día presente: luego no será sino ceniza, sombra, fábula.

Aulo Persio

Todo lo mortal el tiempo corta.

Francesco Petrarca

El día precedente enseña el día que sigue.

Píndaro

Nunca se puede predecir un acontecimiento físico con una precisión absoluta.

Max Planck

Lo pasado y lo futuro no son nada comparados con el severo hoy.

Adelaide A. Procter

Con el tiempo, la absenta resulta más dulce que la miel.

Proverbio griego

Sólo las figuras cargadas de pasado están ricas de porvenir.

Alfonso Reyes

Florece hoy lo que mañana se marchitará, se marchita hoy lo que mañana florecerá.

Pierre de Ronsard

La gente vulgar sólo piensa en pasar el tiempo; el que tiene talento... en aprovecharlo.

Arthur Schopenhauer

El pasado es un prólogo.

William Shakespeare

En un minuto hay muchos días.

William Shakespeare

Malgasté el tiempo, ahora el tiempo me malgasta a mí.

William Shakespeare

Para los hombres, nada dura: ni la noche estrellada, ni las desgracias, ni la riqueza; todo esto de pronto un día ha huido.

Sófocles

Sólo el tiempo revela al hombre justo; un solo día desenmascara al pérfido.

Sófocles

Es un error de la maldad humana alabar siempre el pasado y desdeñar el presente.

Tácito

El tiempo no es sino la corriente en la que estoy pescando.

Henry D. Thoreau

Todo el mundo habla del tiempo pero nadie hace nada por mejorarlo.

Mark Twain

El tiempo es justiciero y pone cada cosa en su lugar.

Voltaire

252

Todas las tragedias que se puedan imaginar confluyen en una sola y única tragedia: el paso del tiempo.

Simone Weill

No hay hombre bastante rico para comprar su pasado.

Oscar Wilde

TOLERANCIA

Los fanatismos que más debemos temer son aquellos que pueden confundirse con la tolerancia.

Fernando Arrabal

Sólo por el respeto de sí mismo se logra el respeto de los demás.

Fiódor Dostoievski

El hombre debe ser siempre flexible como la caña, pero no rígido como el cedro.

Johann J. Engel

Tener espíritu abierto no significa tenerlo abierto a todas las necedades.

Jean Rostand

El respeto es mayor desde lejos.

Tácito

A menudo la excesiva tolerancia debilita y corrompe a la bondad; en el momento de la pelea se debe ser severo.

José Vasconcelos

253

TRABAJO

El trabajo no embellece.

Honoré de Balzac

En el trabajo olvido mis sufrimientos... ¡El trabajo es mi salvación!

Honoré de Balzac

Para trabajar basta estar convencido de una cosa: de que trabajar es menos aburrido que divertirse.

Charles Baudelaire

No se puede realizar ni un solo descubrimiento, cualquiera que sea su grado de eficacia, sin la labor preparatoria de centenares de personas, relativamente insignificantes y carentes de la imaginación de los científicos, que recopilan, muchas veces sin darse cuenta de lo que hacen, los datos necesarios, sobre cuya base los grandes hombres pueden trabajar.

John Desmond Bernal

Naturalmente, el trabajo colectivo, que se hace obligatorio en muchas investigaciones, jamás podrá sustituir los intensos esfuerzos de la mente, trabajando en total recogimiento.

Louis de Broglie

Hay hombres que trabajan como si fueran a vivir eternamente.

Demócrito

Los trabajos voluntarios preparan para soportar más fácilmente los involuntarios.

Demócrito

Donde millones de hombres se arredraron, allí empieza tú a trabajar.

Charles Dickens

El trabajo tiene, entre otras ventajas, la de acortar los días y prolongar la vida.

Denis Diderot

El trabajo en primer lugar, y después de él y en seguida y a la par con él, el lenguaje, fueron los incentivos más importantes bajo cuya influencia se ha transformado prácticamente el cerebro del mono en el cerebro del hombre, el cual, aun siendo semejante a él, es mucho mayor y más perfecto.

Friedrich Engels

La mano no es solamente el órgano del trabajo: es también producto de él.

Friedrich Engels

Al fin y al cabo, el trabajo es el mejor medio de pasar la vida sin ser visto.

Gustave Flaubert

Cuando el trabajo es un placer la vida es bella. Pero cuando nos es impuesto, la vida es una esclavitud.

Máximo Gorki

Mucho hemos trabajado para nosotros.
Jamás nos negamos.
Siempre nos sometimos lo que más
decíamos era: "¡Pagadlo!"
¡Cuántos crímenes hemos cometido
así por vosotros. ¡Cuántos crímenes!

255

¡Y siempre nos conformábamos con las sobras de vuestra comida!

Bertolt Brecht

Los hombres geniales empiezan grandes obras, los hombres trabajadores las terminan.

Leonardo da Vinci

Dale al trabajador su salario antes de que se haya secado el sudor de su frente.

Mahoma

Si parece que estoy siempre preparado para todo, ello se explica porque antes de emprender algo lo he meditado ya largo tiempo... Yo trabajo siempre, trabajo mientras como, trabajo cuando estoy en el teatro; despierto por la noche para trabajar.

Napoleón Bonaparte

Saber trabajar en conjunto es, ante todo, ser capaces de asimilar la crítica con acierto y no eludir la crítica de los errores de otro, por elevada que sea su situación en la ciencia. La crítica preserva contra la autosatisfacción, el engreimiento y la inmodestia, ayuda a evitar los errores.

Oleg N. Pisarzhevsky

Ninguno se fíe en una profesión sola, que ratón que no sabe más agujero presto es perdido.

Francisco de Quevedo

El ideal del español de buena parte de la clase media es jubilarse tras breves años de trabajo, y, si es posible, antes de trabajar.

Santiago Ramón y Cajal

Recesión es cuando tu vecino se queda sin empleo; depresión es cuando lo pierdes tú.

Ronald Reagan

Trabajar es un deber indispensable al hombre social. Rico o pobre, fuerte o débil, un ciudadano ocioso es un bribón.

Jean-Jacques Rousseau

El trabajo en que hallamos placer cura la pena que causa.

William Shakespeare

Si todo el año fuera fiesta, el deporte sería tan tedioso como el trabajo.

William Shakespeare

La condición esencial de la felicidad del ser humano es el trabajo.

León Tolstoi

El trabajo aleja de nosotros tres grandes males: el aburrimiento, el vicio y la necesidad.

Voltaire

TRAICIÓN

Peor que la traición es la soledad.

Ingmar Bergman

Amo la traición, pero odio al traidor.

Julio César

Actualmente los Judas ya no se ahorcan. Ahorcan a los demás.

Gaston Andréoli

La traición no triunfa nunca. ¿Por qué? Porque si triunfa nadie la llama ya traición.

James Harrington

TRISTEZA

Para la abeja laboriosa no hay tiempo de estar triste.

William Blake

La aflicción, como el herrero, nos forja a golpes.

Christian N. Bovee

Ayer lloraba el que hoy ríe, y hoy llora el que ayer rió.

Miguel de Cervantes

Los hombres ricos en lágrimas son buenos. Apartaos de todo aquel que tenga seco el corazón y secos los ojos.

J. Wolfgang Goethe

Cuando nos invade la pena, un día dura tanto como tres otoños.

Le Thanh Tong

Suavizar las penas de los otros es olvidar las propias.

Abraham Lincoln

Cada vez que perdemos el ánimo, perdemos muchos días de nuestra vida.

Maurice Maeterlinck

La carne está triste ¡ay!, y yo he leído ya todos los libros.

Stéphane Mallarmé

Es sincero el dolor del que llora en secreto.

Marcial

La pena, más que cordial, es un corrosivo para los males que no tienen cura.

William Shakespeare

Lloramos al nacer por tener que entrar en este gran escenario de locos.

William Shakespeare

Podéis hacerme abdicar de mis glorias y de mi estado, pero no de mis tristezas. ¡Todavía soy rey de mis amarguras...!

William Shakespeare

Guarda la tristeza para ti mismo y comparte la felicidad con los demás.

Mark Twain

Las lágrimas son el refugio de las mujeres feas, pero la ruina de las bonitas.

Oscar Wilde

UNIÓN

Mañana habrá en el sitio bien mantenido de nuestro corazón una multitud unida, inteligente, feliz y victoriosa.

Paul Eluard

Una sola piedra puede desmoronar un edificio.

Francisco de Quevedo

La unidad es la variedad y la variedad en la unidad es la ley suprema del universo.

Isaac Newton

La libertad es el reconocimiento de la necesidad.

Friedrich Engels

USURERO

Le pedí prestado un pañuelo y me ha reclamado un par de sábanas.

Aurélien Scholl

La usura devora a los pueblos y se extiende como una asquerosa lepra sobre el cuerpo social.

Francisco Pi y Margall

Los usureros, si se les permitiese, dominarían el orbe.

P. Victoria

La usura es ilícita por el daño; porque los usureros secarían las facultades de los hombres, los volverían pobres y los bienes de la república quedarían confinados en muy pocos bolsillos.

P. Victoria

UTILIDAD

¿Qué importa si el gato es blanco o negro, con tal de que cace ratones?

Deng Xiaoping

No ser útil a nadie equivale a no valer nada.

René Descartes

Nadie es inútil en el mundo mientras pueda aliviar un poco el peso de sus semejantes.

Charles Dickens

No hay gente inútil, sólo hay gente perjudicial.

Máximo Gorki

El hombre honrado procura hacerse útil; el intrigante, hacerse necesario.

Victor Hugo

Cada uno de nosotros es más rico de lo que se imagina; sin embargo, se nos amaestra en el arte de pedir prestado y mendigar; nos enseñan a servirnos de los otros más que de nosotros mismos.

Michel de Montaigne

Nada existe en el mundo que sea insignificante.

Friedrich von Schiller

VAGANCIA

Mi holgazanería no me deja tiempo libre para nada.

Alphonse Allais

No hay ningún camino que no se acabe, como no se le opongan la pereza y la ociosidad.

Miguel de Cervantes

El que nada emprendió, nada terminará.

Geoffrey Chaucer

Es imposible gozar totalmente de la indolencia si no se tienen muchas cosas que hacer.

Jerome K. Jerome

Nunca dejes algo para hacerlo mañana o pasado mañana.

Hesíodo

El cansancio ronca sobre los guijarros, en tanto que la tarda pereza halla dura la almohada de pluma.

William Shakespeare

VALENTÍA

El valor es hijo de la prudencia, no de la temeridad.

Pedro Calderón de la Barca

Puede ser un héroe lo mismo el que triunfa que el que sucumbe; pero jamás el que abandona el combate.

Thomas Carlyle

Héroes son los que, contra las ideas admitidas, sostienen sus ideas.

Alexis Carrel

La fuerza de los valientes, cuando caen, se pasa a la flaqueza de los que se levantan.

Miguel de Cervantes

El tacto en la audacia es saber hasta dónde se puede ir demasiado lejos.

Jean Cocteau

El verdadero valor de un hombre se determina examinando en qué medida y en qué sentido ha logrado liberarse del yo.

Albert Einstein

Lo peor que puede hacerse es cruzar un precipicio en dos saltos.

David Lloyd George

Al hombre osado la fortuna le da la mano.

Benjamin Franklin

Dinero perdido, pérdida ligera; honor perdido, pérdida considerable; coraje perdido, pérdida irreparable.

J. Wolfgang Goethe

Es un noble héroe el que lucha por la patria; más noble, quien lucha por el bienestar de su país natal, pero el más noble es el que lucha por la humanidad.

Johann G. von Herder

Espera en la adversidad, y en la felicidad otra suerte teme, el pecho bien dispuesto.

Horacio

Sean fieles, sean fuertes. Aunque luchen en vano, el valor es la mejor sabiduría de esta vida.

Hanns Hopfen

No caminéis con la cabeza baja; es necesario levantar los ojos para ver el camino.

Robert de Lamennais

Para triunfar sólo se necesitan tres cosas: audacia, audacia y más audacia.

Jean-Paul Marat

El valor es hálito vital de toda empresa desbrozadora del progreso del hombre.

Francisco Mosquera

Ir en contra del pensamiento dominante, de nuestros amigos, de la mayoría de la gente que vemos a diario, es tal vez el acto de heroísmo más difícil de que podamos ser capaces.

Isaac Newton

Con audacia se puede intentar todo, mas no conseguirlo todo.

Napoleón Bonaparte

Un puñado de abejas vale más que un saco de moscas.

Proverbio árabe

Las súplicas sólo pueden hacerlas los culpables y los esclavos.

Madame Roland

Que el peligro os infunda ardor.

Louis Antoine Saint-Just

El hombre de valor no debe arredrarse ante las empresas atrevidas.

Friedrich von Schiller

La mejor parte del valor es la discreción.

William Shakespeare

La paz y la abundancia engendran cobardes; la necesidad fue siempre madre de la audacia.

William Shakespeare

Muestra tu valor y envaina la espada.

William Shakespeare

Nosotros no tenemos
ningún Padre Nuestro en los cielos.
¡Que esto para ti sea por fin claro!
Pues aún así
los embates del mundo deben ser resistidos.

Friedrich Th. Vischer

¿Qué sería la vida si no tuviéramos el valor de intentar algo?

Vincent van Gogh

VECINO

El que tiene un buen vecino, dicen los griegos, posee un bion muy valioso. Esto es igualmente cierto con la mujer del vecino.

Nicolás Bentley

VEJEZ

La vejez se tiene cuando se empieza a decir: "Nunca me he sentido tan joven".

Jules Renard

Cuando uno llega a los ochenta años lo ha aprendido ya todo. Sólo le falta recordarlo.

George P. Burns

Ahora que he llegado a la vejez, ¡cómo la detesto!

Eurípides

La peor vejez es la del espíritu.

William Hazlitt

265

El tomar mujer un viejo, toca a muerto o a cuerno.

Proverbio español

Los viejos desconfían de la juventud porque han sido jóvenes.

William Shakespeare

A fin de cuentas todavía no somos tan viejos. Tenemos la esperanza de vivir y de ver. Vimos la ascensión, la grandeza y la caída de Bismark; ¿por qué no hemos de ver también, después de la grandeza, la decadencia (que ya comenzó) y la caída definitiva del mayor enemigo de todos nosotros: el zarismo ruso?

Friedrich Engels

VENGANZA

La venganza es una especie de justicia salvaje.

Francis Bacon

Las venganzas de los que bien se han querido sobrepujan a las ofensas hechas.

Miguel de Cervantes

Ojo por ojo, y el mundo acabará ciego.

Mahatma Gandhi

La mejor venganza es el desdén.

Henrik Ibsen

La venganza es siempre un placer de los espíritus estrechos, enfermos y encogidos.

Juvenal

VERDAD

Las verdades emergen más fácilmente del error que de la confusión.

Francis Bacon

Nuestro problema no es la ignorancia sino saber muchas cosas que no son verdad.

J. Billings

Estad siempre dispuestos a hablar con franqueza y evitaréis la compañía de los hombres ruines.

William Blake

Cuando la verdad sea demasiado débil para defenderse, tendrá que pasar al ataque.

Bertolt Brecht

Quien no sabe la verdad, sólo es un estúpido; pero quien la sabe y la llama mentira es un criminal.

Bertolt Brecht

No podrás formar una asociación con hombres faltos de sinceridad.

Thomas Carlyle

La verdad adelgaza, pero no quiebra.

Miguel de Cervantes

La verdad anda sobre la mentira como el aceite sobre el agua.

Miguel de Cervantes

Un vaso medio vacío de vino es también uno medio lleno, pero una mentira a medias de ningún modo es una media verdad.

Jean Cocteau

Habiendo conocido el camino de la verdad en la madrugada, uno no tiene por qué lamentarse si la muerte llega al atardecer.

Confucio

Sólo la mano que tacha puede escribir lo cierto.

Johannes Eckhart

En cuanto a mí, no tengo inclinación a arriesgar mi vida por la verdad. No todos tenemos energía para el martirio, y si el temor me invade, imitaré a san Pedro.

Erasmo de Rotterdam

Una parte de la creencia consiste en ignorar ciertas cosas.

Erasmo de Rotterdam

La sinceridad es un don como los demás. No todo el que quiere es sincero.

Julien Green

No hay peor insulto a la verdad, que pretender demostrarla con anécdotas.

Georg W. Hegel

¿Qué impide decir la verdad con humor?

Horacio

Destino acostumbrado de las nuevas verdades es aparecer como herejías y terminar como supersticiones.

Thomas H. Huxley

Las verdades irracionalmente sostenidas pueden ser más perjudiciales que los errores ignorados.

Thomas H. Huxley

Las palabras elegantes no son sinceras; las palabras sinceras no son elegantes.

Lao-Tse

Es casi imposible llevar la antorcha de la verdad a través de una multitud sin chamuscarle la barba a alguien.

Georg C. Lichtenberg

No lo hagas, si no conviene; no lo digas, si no es verdad.

Marco Aurelio

La exactitud no es la verdad.

Henri Matisse

En tiempos de hipocresía, cualquier sinceridad parece cinismo.

William S. Maugham

Ser sincero no es decir todo lo que se piensa, sino no decir nunca lo contrario de lo que se piensa.

André Maurois

Sólo hay una verdad absoluta: que la verdad es relativa.

André Maurois

La verdad de un tiempo es error en otro.

Charles Montesquieu

La verdad más bella de la humanidad, impresa en un papel sucio, no existe.

Francisco Mosquera

El constatar la falsedad de una creencia estimada como cierta ha facultado a cada rato la revelación de leyes fundamentales en todas las ramas del saber. El conocimiento no lograría andar mucho trecho sin el maestro negativo del error.

Francisco Mosquera

El método más seguro para permanecer pobre es ser una persona franca.

Napoleón Bonaparte

Ni la contradicción es indicio de falsedad, ni la falta de contradicción es indicio de verdad.

Blaise Pascal

No conviene mostrar la verdad desnuda, sino en camisa.

Francisco de Quevedo

El tiempo es el padre de la verdad.

François Rabelais

Puesto que hemos declarado la guerra a la escolástica y a los sofistas en interés de la verdad, es una muerte intrépida la que debemos aceptar si es necesario.

Pierre de la Ramée

Cuando se discute no existe superior, ni inferior, ni títulos, ni edad, ni nombre; sólo cuenta la verdad; delante de ella todo el mundo es igual.

Romain Rolland

Me siento superior a la desgracia; todo lo sufriré, pero diré la verdad.

Louis Antoine Saint-Just

Antes que nada sé verídico para contigo mismo. Y así, tan cierto como la noche sigue al día, hallarás que no puedes mentir a nadie.

William Shakespeare

Mi forma de bromear es decir la verdad. Es la broma más divertida del mundo.

George Bernard Shaw

La mentira gana bazas, pero la verdad gana el juego.

Sócrates

Nada temo, pues mantengo la verdad, que es poderosa.

Sófocles

No es la argumentación la que dilucida la verdad sino la indagación de la naturaleza y la observación sensible.

Luis Vives

A los vivos se les debe respeto; a los muertos nada más que verdad.

Voltaire

No hay verdad que no haya sido perseguida al nacer.

Voltaire

Si uno dice la verdad, tarde o temprano será descubierto.

Oscar Wilde

VERGÜENZA

Lo vergonzoso es el crimen, no el cadalso.

Pierre Corneille

El pudor es la epidermis del alma.

Victor Hugo

La causa más frecuente de la timidez es una opinión excesiva de nuestra propia importancia.

Samuel Johnson

Ahorrad a los hombres la vergüenza.

André Malraux

Sería una estulticia encomendar una gran hazaña a un hombre tímido, pues todas las cosas tienen la talla de quien las hace.

Plauto

La vergüenza es un sentimiento revolucionario.

Karl Marx

El hombre es el único animal que se ruboriza, o que debería ruborizarse.

Mark Twain

VIAJAR

Los viajes, en la juventud, son una parte de la educación, y en la vejez una parte de la experiencia.

Francis Bacon

Un viajero no ve nada a fondo: su mirada resbala sobre los objetos sin penetrarlos.

Honoré de Balzac

No hay ningún viaje malo, excepto el que conduce a la horca.

Miguel de Cervantes

No aceptes nunca como compañero de viaje a quien no conozcas como tus manos.

Rómulo Gallegos

VICIO

Ceder a un vicio cuesta más que mantener una familia.

Honoré de Balzac

Los hombres que tienen los mismos vicios se sostienen mutuamente.

Juvenal

Todos los vicios, con tal que estén de moda, pasan por virtudes.

Molière

Quien vive entre los deleites y los vicios ha de expiarlos luego con la humillación y la miseria.

Friedrich von Schiller

Los vicios declarados, lo mismo que las enfermedades, son más leves.

Séneca

El supremo vicio es la estrechez de espíritu.

Oscar Wilde

VICTORIA

La victoria tiene muchas madres y la derrota es huérfana.

Aristóteles

Sí, ha llegado de prisa, porque ha estado de bruces.

Alfred Capus

El caer no ha de quitar la gloria de haber subido.

Pedro Calderón de la Barca

Mientras se gana algo no se pierde nada.

Miguel de Cervantes

En las cumbres aún hay mucho lugar para los obreros esforzados.

Charles Dickens

No se llega a campeón sin sudar.

Epicteto

La gloria se da sólo a quienes siempre la han soñado.

Charles de Gaulle

Para triunfar en la lucha por la vida, el hombre ha de tener o una gran inteligencia o un corazón de piedra.

Máximo Gorki

El proletariado va de derrota en derrota, hasta la victoria final.

Francisco Mosquera

El triunfo no está en vencer siempre, sino en nunca desanimarse.

Napoleón Bonaparte

En la vida los bloques de granito se hunden; los corchos siguen flotando.

Auguste Renoir

La victoria, por mucho que crezca, no logra recobrar a los muertos.

Jules Romains

Que después de un combate demasiado ligero, no parezca ligero el galardón.

William Shakespeare

Es imposible ganar sin que otro pierda.

Publio Siro

¡Venceréis, pero no convenceréis!

Miguel de Unamuno

Lo mismo da la victoria que hacer gloriosa la derrota.

Ramón María del Valle-Inclán

El que se venga después de la victoria es indigno de vencer.

Voltaire

Alegre y verde, hijos míos,
alegre y verde será el mundo
por encima de nuestras tumbas.

Ethel Rosenberg

El arte de vencer se aprende en la derrotas.

Simón Bolívar

No es la victoria lo que yo quiero, sino la lucha.

August Strindberg

La victoria final es segura, pero los caminos tortuosos, los errores pasajeros y locales —inevitables de por sí— serán más corrientes que nunca. Pues bien, tendremos que superarlos. ¿Para qué estamos si no es para eso? Y todavía no estamos cerca de perder el valor.

Friedrich Engels

VIDA

La vida es muy bella cuando a uno se la cuentan o cuando la lee en los libros; pero tiene un inconveniente: hay que vivirla.

Jean Anouilh

Dime: ¿sabías que mi alma es mortal?

Guillaume Apollinaire

Vivir bien es mejor que vivir.

Aristóteles

El dolor del hombre ante la vida es seguir adelante.

Eugene O'Neill

La vida es un hospital donde cada enfermo esta poseí-
do por el deseo de cambiar de cama.

Charles Baudelaire

La vida no consiste en comprender, sino en amar, ayudar a los demás y trabajar.

Alexis Carrel

El sol puede morir y renacer; nosotros, cuando muera
esta breve luz, tendremos que dormir una noche perpetua.

Catulo

Quien vive sin cometer alguna locura no es tan prudente como supone.

François de La Rochefoucauld

Busco en la muerte la vida,
salud en la enfermedad,
en la prisión libertad,
en lo cerrado salida
y en el traidor lealtad.

Miguel de Cervantes

El que se queda tiene más vida; el que se va, más
camino.

Claudiano

El que larga vida vive, mucho mal ha de pasar.

Miguel de Cervantes

Hay una cosa tan inevitable como la muerte: la vida.

Charles Chaplin

Mirada de cerca, la vida es una tragedia, pero vista de lejos, parece una comedia.

Charles Chaplin

Es muy difícil pensar noblemente cuando sólo se piensa en vivir.

Jean Jacques Rousseau

La vida no merece que uno se preocupe tanto.

Marie Curie

El individuo pasa, pero la especie no tiene fin: tal es lo que justifica al hombre que se consume.

Denis Diderot

Demasiados, demasiados enigmas pesan sobre el hombre en este mundo.

Fiódor Dostoievski

El secreto de la existencia humana está no sólo en vivir, sino también en saber para qué se vive.

Fiódor Dostoievski

Aquí se alberga el que vivió sin dudas
Buena es el alba para todas las edades
Cuando murió pensó en nacer
Porque ya el sol recomenzaba.

Paul Eluard

No temas a aquella que es el límite de la vida; el que teme a la muerte, pierde incluso lo que vive.

Pseudocatón

Es locura querer explicar el nacimiento, aunque sea de una sola célula, partiendo directamente de la materia inerte y no de la albúmina viva no diferenciada, creer que con un poco de agua hedionda se puede obligar a la naturaleza a hacer, en veinticuatro horas, lo que ha costado millones de años.

Friedrich Engels

Breve es la vida, y hemos de pasarla lo más agradablemente que se pueda, y no con penas.

Eurípides

La vida, como un vino precioso, hay que saborearla poco a poco, sorbo a sorbo. Los mejores vinos pierden todo su encanto y no se estiman bien si se tragan como si fuera agua.

Ludwig Feuerbach

En dos palabras puedo resumir cuanto he aprendido acerca de la vida: "Sigue adelante".

Robert Frost

La vida no es sino una continua sucesión de oportunidades para sobrevivir.

Gabriel García Márquez

A bien con las mujeres, y a puñetazos con los hombres, y con más crédito que capital; así va el hombre por el mundo.

J. Wolfgang Goethe

Amigo mío, todas las teorías son grises; sólo es verde el árbol dorado de la vida.

J. Wolfgang Goethe

Todo lo que existe merece perecer.

J. Wolfgang Goethe

La vida es una enfermedad; el mundo un gran hospital, y la muerte, el médico que nos cuida a todos.

Heinrich Heine

La vida no es una broma,
debes tomarla en serio.
(...)
morirás por que vivan los hombres,
los hombres cuyo rostro ni siquiera
habrás visto.
Y morirás porque sabes que nada es más bello y cierto que la vida.

Nazim Hikmet

Primero vivir, después filosofar.

Thomas Hobbes

Sólo viven aquellos que luchan.

Víctor Hugo

Debes estimar como cosa torpísima el anteponer la vida al honor, y por salvar la vida perder la razón de vivir.

Juvenal

La vida depende de la intensidad con que se vive, no de su extensión.

Emil Ludwig

De todo lo que existe en el mundo, lo más precioso es el hombre.

Mao Tse-tung

Ponerse a vivir hoy ya es tarde; el sabio ha comenzado ayer.

Marcial

En la vida, como en la historia, la podredumbre es, en efecto, el laboratorio de la vida.

Karl Marx

El ADN es el alma de los seres vivos.

Gary Mintz

Ya no es posible explicar el origen de los elementos y el origen de la vida sin estudiar las estrellas.

Francisco Mosquera

La vida es un pequeño sueño que se disipa.
Lo mejor de la vida es el pasado, el presente y el futuro.

Pier Paolo Pasolini

El hombre ha nacido para vivir y no para prepararse para vivir.

Boris L. Pasternak

¿Qué es la vida eterna sino aceptar el instante que viene y el instante que se va?

Cesare Pavese

La vida pasa y no se detiene una hora.

Francesco Petrarca

¡Oh, alma mía, no aspires a la vida inmortal, mas agota el campo de acción que te fue dado!

Píndaro

Nacer en el mundo es simple, pero vivir en el mundo ya es una cosa muy complicada.

Dmitri Písariev

Menos trabajo hay en vivir bien que mal.

Quintiliano

Si viviera otra vez, quisiera que la vida fuera como ha sido hasta hoy, sólo que abriría un poco más los ojos.

Jules Renard

Vivid, creedme, no esperéis a mañana. Coged hoy las rosas de la vida.

Pierre de Ronsard

Comprarla a cambio de demasiadas preocupaciones es perder la vida.

William Shakespeare

El tejido de nuestra vida está hecho con un tejido mixto, bueno y malo.

William Shakespeare

La vida es el camino de la muerte, y la muerte el camino de la vida.

Proverbio chino

Ser lo que somos y convertirnos en lo que somos capaces de ser, es la única finalidad de la vida.

Robert L. Stevenson

No se puede tener otra tarea en cuanto a la vida que la de conservarla hasta morir.

August Strindberg

Todo el mundo quisiera vivir largo tiempo, pero nadie querría ser viejo.

Jonathan Swift

La vida del hombre es como un juego de dados: si no puedes hacerte con aquel que más te conviene, debes con astucia procurar sacar ventaja del que acaso te tocó.

Terencio

Una buena regla para la vida es no ser demasiado adicto a una sola ocupación.

Terencio

La única intención de la vida es servir al género humano.

León Tolstoi

Esta vida es una lucha permanente, la filosofía es el único emplasto que podemos aplicar a las heridas que de todas partes recibimos.

Voltaire

La vida es un juego de azar.

Voltaire

VIOLENCIA

Sólo la violencia ayuda donde la violencia impera.

Bertolt Brecht

Mientras se amenaza, descansa el amenazador.

Miguel de Cervantes

Los fascistas no son todos ladrones y violentos, pero los ladrones y violentos son todos fascistas.

Charles de Gaulle

La violencia es la partera de la historia.

Friedrich Engels

La violencia acostumbra a engendrar la violencia.

Esquilo

La violencia es la comadrona de toda sociedad vieja que lleva en sus entrañas otra nueva. Es una potencia económica.

Karl Marx

Nunca se entra, por la violencia, dentro de un corazón.

Molière

Toda reforma impuesta por la violencia no corregirá el mal: el buen juicio no necesita de la violencia.

León Tolstoi

VIRTUD

La plata vale menos que el oro, y el oro menos que la virtud.

Horacio

Virtud es fortaleza; ser bueno es ser valiente.

Antonio Machado

La virtud es la búsqueda de la felicidad personal por la contribución a la felicidad de todos.

Denis Diderot

La capacidad de un hombre puede ser grande o pequeña, pero basta con que tenga un espíritu de desinterés absoluto para que sea hombre de elevados sentimientos, hombre íntegro y virtuoso, hombre exento de intereses triviales, hombre de provecho para el pueblo.

Mao Tse-tung

Tienes más cualidades de lo que tú mismo crees; pero para saber si son de oro bueno las monedas, hay que hacerlas rodar, hacerlas circular. Gasta tu tesoro.

Gregorio Marañón

Dos grandes virtudes posee la especie humana, que nunca serán bastante respetadas; el valor en el hombre, el pudor en la mujer.

Napoleón Bonaparte

La virtud de un hombre no debe medirse por sus esfuerzos, sino por sus obras cotidianas.

Blaise Pascal

Asume una virtud si no la tienes.

William Shakespeare

El encanto es la virtud sin la cual todas las demás son inútiles.

Robert L. Stevenson

Cuando los hombres se tornan virtuosos en la vejez, no hacen sino sacrificar a Dios las sombras de lo sacrificado al diablo.

Jonathan Swift

Las grandes virtudes del pueblo alemán han producido más desastres que todos los vicios que haya podido producir el ocio.

Paul Valéry

Sé virtuoso y te tendrán por excéntrico.

Mark Twain

La crueldad, el egoísmo, la avidez, la cobardía y el engaño son ingredientes normales de la naturaleza humana y cumplen una función útil en la lucha por la existencia. Intrínsecamente, todos ellos son virtudes.

S. J. Holmes,

VOLUNTAD

La voluntad puede y debe ser un motivo de orgullo mucho más que el talento.

Honoré de Balzac

Al hombre justo y tenaz en sus propósitos no le moverán de su firme voluntad ni la exaltación de los malos deseos de la multitud, ni el fiero rostro de un tirano amenazador.

Horacio

Creer no constituye más que el segundo poder; querer es el primero. Las montañas proverbiales que la fe mueve no son nada al lado de lo que hace la voluntad.

Victor Hugo

La verdadera virilidad significa una voluntad fuerte guiada por una conciencia delicada.

Aldous Huxley

Si encomiendas a un hombre más de lo que puede hacer, lo hará. Si solámente le encomiendas lo que puede hacer, no lo hará.

Rudyard Kipling

Si faltaren las fuerzas, la audacia cuando menos, será su gloria; en las empresas grandes basta con haber empleado la voluntad.

Propercio

Parte de la curación está en la voluntad de sanar.

Séneca

El porvenir de un hombre no está en las estrellas, sino en la voluntad y en el dominio de sí mismo.

William Shakespeare

Nadie sabe de lo que es capaz hasta que lo intenta.

Publio Siro

VULGARIDAD

El hombre superior es cortés, pero no rastrero; el hombre vulgar es rastrero, pero no cortés.

Confucio

No se debe zaherir lo vulgar, pues eternamente perdura inmutable.

J. Wolfgang Goethe

Oh, imitadores, manada servil.

Horacio

La vulgaridad es el octavo pecado... y aún peor que todos los demás juntos, pues pone en peligro tu salvación en este mundo.

James R. Lowell